U0789529

星雲大師 口述

百年佛缘

行佛篇 一

中華書局

星雲大師 口述

百年佛緣

行佛篇 一

中華書局

目録

目錄

我對佛教的寧靜革命

人的思想說來也真奇怪，過去印光大師提出佛教需要去除「三濫」，一是濫傳戒法，二是濫掛海單，三是濫收徒衆。我很贊成他的倡導，但是卻一條都沒有做到。

第一、濫傳戒法。我從一九七七年起開始傳戒，三十餘年來，不只傳了十次以上，甚至不但在臺灣傳戒，還傳到美國、印度、澳洲等國家。自問：我這是濫傳戒法嗎？其實我是爲了樹立戒幢啊！

第二、濫掛海單。現在佛光山有三五千個牀位供給信徒、客人住宿。自問：我這是濫掛海單嗎？不是的，我只是想爲人服務啊！

第三、濫收徒衆。我有一千多位出家弟子，數百萬個在家信衆，無論是出家或在家，他們在信仰上都有所成長，在人格上都有所增進，在發心服務上也日日增長。難道我這是濫收徒衆嗎？

所以，說到印光大師提出的「三濫」，這三件事我是幾乎都涉及到了，但是我覺得自己並不「濫」；我很慎重地在傳戒，很謹慎地供人掛單，也很審慎地收徒納衆。

另外，太虛大師爲了佛教的復興，提出「三種革命」，一是教理革命，二是教制革命，三是教產革命。我也服膺，一直把它緊緊地與自己的思想結合，並且以「寧靜革命」的方式，孜孜不懈地實踐。

說到「革命」，一般人聽了都會感到害怕，以爲是要打倒別人、革人家的命，其實，我們所說的「寧靜革命」，是富有建設性和增上性的，具有除陋更新的意義，是一種讓大家在不自覺中歡喜接受的改革；因此，能以「寧靜革命」來促進佛教的發展，不也是很有意義的嗎？

那麼，我是如何寧靜革命的呢？以下我就依據太虛大師所提佛教「三種革命」的理想，略述自己的一些做

法和看法。

教理革命

一、黃金是毒蛇、夫妻是寃家、兒女是討債鬼？

過去佛教一提到金錢，就說「黃金是毒蛇」；一提到夫妻，就說「不是寃家不聚頭」；一提到兒女，就說是「討債鬼」。其實，佛教不完全是否定錢財，淨財也是弘法修道的資糧；佛教並非不重視倫理，而是積極倡導人倫道德；佛教不是批評家庭愛欲，它更倡導建設和樂淨化的家庭關係。所以，我覺得，如果讓在家信衆把黃金看成毒蛇、把夫妻視爲寃家、把兒女看作討債鬼，那麼他還能擁有什麼呢？這反而會讓一般人嚇得不敢親近佛教。

所以，現在最重要的是，我們要改良佛教，讓大家瞭解黃金不是毒蛇，所謂「君子愛財，取之有道」，甚至「用之有道」，能把錢財用在有用之處，也是功德善事。何況西方極樂世界不也因爲黃金鋪地、七寶樓閣，人們纔欣然往生的嗎？爲什麼佛教還要說財富是醜惡的、不好的呢？

至於夫妻相親相愛，這是人倫之間重要的事情，就是佛陀，他也重視人倫關係，不但爲父擔棺、爲母說法，還特地開設方便法門，讓姨母摩訶波闍波提夫人出家成爲比丘尼。再說，佛教裏有七衆弟子，除了出家的比丘、比丘尼是獨身，在家的優婆塞、優婆夷受持五戒、菩薩戒，是可以有居家生活的。怎麼到了現在，卻演變成居士們一來到佛門掛單，馬上就有人把先生帶到東邊去，把太太引導到西邊去？佛門對於恩愛的夫妻，不是應該鼓勵他們「有情人相聚」，爲什麼硬是要把人家拆散，纔覺得是對的？難道夫妻人倫是醜惡的事嗎？既然佛陀都允許在家信衆受持五戒、菩薩戒了，爲什麼我們要更加嚴厲地對待他們，而不遵照佛陀重視家庭倫理

的初衷？

甚至兒童是未來國家的棟樑，在佛經裏也有許多講述「四小不可輕」的事例，爲什麼我們還要將兒女說成討債鬼呢？難道他們將來不可能爲國家社會擔負起重大的任務嗎？所以我覺得，爲了佛教，應該大聲疾呼的第一聲是：重視家庭人倫！

二、人生是苦

對一般人來說，好像信仰了佛教以後的人生就是苦的，因爲到處聽到的都是人生是苦，這裏也「人生是苦」，那裏也「人生是苦」；其實，佛教不完全是講苦的，它是更注重喜樂的，佛經裏不是也講極樂世界，講歡喜地菩薩、喜樂地菩薩嗎？甚至彌勒佛不也是主張「皆大歡喜」嗎？爲什麼佛教還要一天到晚都講苦呢？所以，我覺得佛教應該强調喜悅的生活、喜悅的心理、喜悅的人生。

三、四大皆空

佛教講「四大皆空」，天也空，地也空，你也空，我也空，一切皆空，這對一般初學的信徒來說，實在是太可怕的事了。在我瞭解，佛法講「空」，是建設「有」的。例如：茶杯空了，纔能裝茶；房屋有空間，纔可以住人；眼耳鼻舌空了，人纔能存在。

爲了闡釋這個道理，我曾做了一副對聯：「四大皆空示現有，五蘊和合亦非真」，一方面也說明了佛教的「中道」思想。

四、無常

佛教裏講起「無常」來，都說世間無常、生死無常，也就讓一般人如「聞虎色變」般，懼怕無常。其實，無常不完全是消極的，好的固然會變壞，壞的也能變好。例如：我愚笨，多讀書就會變聰明；我貧窮，多勤勞

自然可以致富，只要效法《阿彌陀經》裏的常精進菩薩、不休息菩薩，壞的事情也可以修正變成好的。

那麼，既然無常具有積極的一面，可以讓人生因爲改變而充滿希望，爲什麼我們還要恐怖於「無常」呢？

五、放生

佛教提倡「放生」，誠然，放生很重要，但是現在佛教徒讓「放生」淪爲「放死」的習慣而不自覺，實叫人感慨。例如：某人要過壽了，他說：「你捕魚來讓我放生吧！」某人要結婚了，他說：「你捕鳥來讓我放生吧！」結果，魚在魚簍裏，還沒來得及放生，就不知死了多少，這罪業該由誰來負擔呢？你硬是把鳥兒捕來，拆散人家的家族，甚至讓它在鳥籠裏飛飛撞撞，還沒放生就已經死亡，這罪業又該由誰來承擔呢？

所以，我認爲「放生」者，就是要重視生態，給予衆生一個無有恐怖、安全無虞的環境。比方不在溪河垂釣、不虐打動物，對生命不殘殺、對生態不破壞等，就是最好的放生。

不過，佛教以人爲本，在「放生」之上，更應該提倡「放人」，能夠給人生路，給人因緣，能夠幫助別人，讓人獲得幸福，纔是積極的「放生」。

六、三好

很多人一聽到身、口、意「三業」造作貪瞋癡「三毒」，就感到非常可怕，加上對於佛教提出的對治方法戒定慧「三學」，感到曲高和寡，不容易做到，因此，儘管學佛多年，貪瞋癡煩惱還是未能減少。

對此，我覺得，爲什麼佛教不從積極的意義上去宣揚佛法，而要在消極的意義上打轉呢？與其說「三業」，不如說我們來奉行「三好」，身做好事、口說好話、心存好念，就不會造作惡業；沒有惡業，自然也就沒有貪瞋癡了。

七、不要讓阿彌陀佛代替我們報恩

佛門裏有一種現象，無論信徒做了什麼善事，大家都是對他說：「菩薩會保佑你！」「阿彌陀佛會保佑你！」這種說法，我認爲是錯誤的。爲什麼人家護持我們，我們自己不報答，還要把責任交給菩薩、交給阿彌陀佛去回報呢？我覺得，佛教裏這許多不公平的事情，都應該要革新。

因此，過去我在佛光山興建佛光精舍時，爲了報答對佛教界有貢獻的長老大德，特地保留了房間給他們。曾任「中國佛教會」秘書長的馮永楨、監獄弘法二十多年的趙茂林、在教界享有「湖南才子」之譽的張劍芬、護持佛教不遺餘力的孫張清揚女士等，都曾經在此居住過。甚至我在美國西來寺也備有幾間房子，感謝《覺世》旬刊創辦人張少齊老居士等人，接受我的供養，完成了我要回報佛教耆老的心願。

八、皈依三寶，受持五戒

皈依三寶是民主與平等，受持五戒是自由與尊重，意義非凡，爲什麼現在佛教徒要把皈依三寶變成只有拜師父呢？爲什麼要把受持五戒變成只有消極的不可殺生、偷盜、邪淫、妄語、飲酒吸毒呢？

其實，皈依三寶是表示我信仰了佛教，願以佛法做爲人生指南，而不是拜某人爲師父；受持五戒是信仰的實踐，做人的根本道德，其本質在於不侵犯而尊重別人。例如：不殺生，是不侵犯別人的生命，更要積極的護生；不偷盜，是不侵犯別人的財富，更要尊重他人的財產；不邪淫，是不侵犯別人的身體，更要尊重他人的名節；不妄語，是不侵犯別人的名譽，更要宣揚他人的美德；不飲酒、吸毒，是不損害自己的理智，從而不傷害別人，更要尊重自他身心的健康。

關於佛教的教理，歷來解釋錯誤的、違背佛意的，還有不少。就如社會上批評人常用的一句話「胡說八道」，八道，本來是指佛教的「八正道」，是八種修行之道，但是佛教初傳的時候，經過西域胡人駐紮的地區，或許是因爲胡人語言能力不夠，對「八道」瞭解的深度不夠，無法清楚表達意義，在大家聽不懂的情況下，也就姑且稱之「胡人說八道」了。只是後來變成「胡說八道」一詞，就帶有一點歧視的意味。

不過，現在的佛教不僅是胡人說「八道」，全世界有佛緣的人也都在講「八道」，但謬解佛理的情況卻不能說沒有。在此我只約略先將其中合乎「人間佛教」性格的義理問題，列舉幾條說明，但還沒能做深入的闡釋，希望未來能有一本專書，把太虛大師的「教理革命」再發揚起來。

教制革命

佛教徒對於戒、定、慧「三學」，把「戒」定位爲最高位，可惜當今有些人總愛引用「佛已制戒，不可更改；佛未制戒，不可增加」這兩句話，把佛法牢牢地給定死了。其實，佛陀制戒是「隨遮隨開」，是隨著時代人心、生活習慣、文化風俗而加以進化的，如果堅持一成不變，使得持戒和不持戒，反對和堅持之間，造成太多的對立和矛盾，佛教是會滅亡在戒律之下的啊！

戒律不可更改，是百千年來守舊人士的執著，綜觀現今各國的憲法都要經常修正，就是當初戒律的制定也都是經過幾次結集而成的，爲什麼現在不能予以修正、重新結集呢？例如：

一、四衆平等

四衆不能平等，就是不合乎佛法。當初，佛陀在菩提樹下成道的時候，發出宣言：「大地衆生皆有佛性」，並且提出「四姓出家，同爲釋子」、「是法平等，無有高下」的說法，就是在說明衆生平等的道理；不但佛和佛平等，所有衆生也都與佛平等。可是爲什麼在佛法流傳開來之後，四衆弟子之中，卻反而把比丘定於第一位，比丘尼不能與之同等？甚至凡事只有出家人優先，在家衆幾乎沒有給予護教弘法的立場和空間呢？

想到佛陀當初在各種講經的法會上，四衆弟子、八部大衆、官宦人民，前呼後擁，所謂「法華會上，百萬人天」，一片熱鬧的景象，爲什麼現在只有獨尊比丘，其他也就如當初印度的「四姓階級」，牢不可破了？有這種思想的人，實在是辜負佛陀的慈悲、違背佛陀的平等法。再說，硬是把信衆歸在外護的立場，不能進入教團的骨幹，就讓人覺得佛教好像只是出家人的，不是信徒所應有的，而讓佛教發展減少了很多力量，良深可嘆！

其實，佛陀的出家弟子當中，比丘尼大阿羅漢也有數百人之多，但是在由比丘們結集的經典裏，這些女衆的名字卻一概不提；千二百五十位大阿羅漢中，也都沒有提到一位女性羅漢。

有鑒於此，爲了彰顯「男女平等」的觀念，我興建「佛陀紀念館」時，特地在立於菩提廣場兩旁的「十八羅漢」中，雕塑了三尊女羅漢像，分別是：「僧團首位比丘尼」大愛道、有「神通第一比丘尼」之稱的蓮華色，以及「宿命第一比丘尼」妙賢，她們都是佛世時代有修有證的比丘尼。另外，爲了提升比丘尼在佛教界的地位，樹立比丘尼的新形象，讓這許多女衆人才，有所發揮、表現，所以佛光山的編藏工作，就由比丘尼主導。

至於幾千年來，佛門裏在家護法弟子虔誠信仰佛教，深入研究佛學，就算有很大的修爲，也只能稱作「弟子」，而不能稱作「老師」的現象，我也認爲有失公平，覺得今日佛教應該還給他們一個公道。

曾經有人說我太過保護在家衆的結果，將會加速末法時代白衣上座的來臨。但是綜觀佛光山開山以來，四衆弟子相處和諧，尤其在衆多的弘法事業當中，都不乏在家衆的大力協助，例如：海內外的「滴水坊」，就是由一羣在家師姑所成立的；乃至於國際佛光會成立二十年來，建立「檀講師」制度，信衆會員幫助佛光山在世界各地弘揚「人間佛教」，爲社會做出貢獻等等，佛教又豈能忽視他們的發心呢？

二、六和敬

佛陀是人，不是神，他從來不標榜自己與別人不同，總是不斷地重申「我是衆中之一」、「我在衆中」。當初佛陀建立「六和僧團」，也就是這種「平等」精神的呈現。

所謂「六和」，就是：身和同住，是團體的共住；口和無諍，是語言的讚美；意和同悅，是心意的和諧；戒和同修，是法制的平等；見和同解，是思想的統一；利和同均，是經濟的均衡。

佛教裏有這麼好的德目，落實它，必然能增進弘法的力量，但是現在我們卻把佛教分裂成師祖、師太的佛教，這不是太對不起佛陀了嗎？佛陀也只不過是做衆生的「導師」，我們又怎麼能在佛陀之上，再立個什麼「師祖」、「師太」的名目呢？難道我們不覺得冒犯佛陀嗎？所以，我覺得，佛教裏凡是不合適的稱謂，都應該要有所改良。

三、偏袒右肩

佛制比丘披搭袈裟要偏袒右肩，這在印度熱帶地區容易做到，假如換作是在中國的北方，或者俄羅斯的西伯利亞，還能生活得下去嗎？所以，衣履只是一種文化，佛陀也說過，剃髮染衣、三衣鉢具都是爲了順應當時文化所制定的。既然如此，爲什麼現在我們不能讓佛教的發展順應各地的風俗、習慣、氣候，給予合理的規定呢？難道這一切都不需要改良嗎？

四、八敬法

我有一位信徒，本來是個空軍的軍官，生養了五個孩子。但是早期軍人的收入低，他無法養活七口之家，最後連太太都離家出走，不得辦法，就將五個小孩送給佛光山育幼院，而他自己則出家去了。

既然出家，就應該好好修道，但是有一天，他來到佛光山，卻向我投訴：「佛光山沒有規矩，慈惠法師、慈容法師見到我，都不向我禮拜，難道佛光山的比丘尼都不懂『八敬法』嗎？」因爲在「八敬法」裏有一條規定，即使是八十歲的比丘尼，見到年輕的比丘、沙彌也要頂禮。

我一聽，大為訝異，就說：「你真是不知道慚愧啊！你的兒女都是慈容法師、慈惠法師代為教養的，她們在佛教裏都已經奉獻了數十年，論資歷、道行以及對佛教的貢獻，你憑什麼要她們向你禮拜？」在我認為，恭敬是要讓人打從心底對你尊重，自己無學無德，卻要人家恭敬你，又怎麼說得出口呢？

我認為，「八敬法」是比丘制定出來的，可是假佛陀的名義要比丘尼尊敬比丘的結果，也就讓許多優秀女性因為戒法的不合理，而不願意加入僧團，讓佛教平白地損失了許多人才。過去佛教弘誓學院的昭慧法師雖然曾提出反對「八敬法」，不過比丘們都强烈反對，甚至還因此引起了軒然大波。其實，在佛光山，我根本就不談這件事情，但是寧靜革命反而能獲得成功。如今佛光山在海內外的幾百個寺院，都是由比丘尼建設而成的；世界各地一千多個佛光會，也是由比丘尼成立的；甚至還有許多學有專精的比丘尼在大學裏任教。所以，關於「八敬法」的問題，教界實在不該再意氣用事，應當還給比丘尼一個和比丘同等的地位。

五、沙彌十戒

在沙彌戒裏有十條戒法，除了不殺生、不偷盜、不邪淫、不妄語、不飲酒，還有不香花鬘塗身、不歌舞觀聽、不睡高廣大牀、不非時食、不捉持金銀寶物等。其中，「不睡高廣大牀」，沙彌年紀小，確實是應該學習生活克難一點，簡樸一點，有益於修行的增上；「不香花鬘塗身」，安於淡泊，老實修行，不以奇異標榜，也是修道生活的增上緣。

但是時代走到今日，佛教需要以音樂來弘揚佛法，需要以舞蹈來接引大衆，如果堅持「不歌舞觀聽」，有些弘法活動不得辦法舉辦，佛教漸漸地也就要隨之没落了。過去大迦葉尊者聽聞琴音，心生歡喜，不自覺地就手舞足蹈起來，有人問平日嚴肅的大迦葉何以如此，他說：「其實我早已對五欲六塵不起貪著，但是屯崙摩甄陀羅王的琴聲是智慧之音，如同法音，一聽就讓人法喜充滿，忍不住要踴躍起來。」可見得，音樂、舞蹈有時也是一種度衆的方便。

另外，關於「不捉持金銀寶物」一戒，過去在印度不使用錢幣，但是現代的社會，例如乘坐大衆交通工具，都要拿錢買票，不持金銀，又該怎麼辦呢？有的人或許會説事先備妥車票就好，但車票不也是有價證券，等同金銀寶物嗎？

尤其現代的佛教經常參與政府舉辦的社會救濟活動，若是堅持這條戒法，沙彌都不能做了，佛教的比丘大德又怎敢違犯呢？所以這許多戒法，真是會阻礙佛教進步的，佛教必須要走出一條復興的道路；現在，「人間佛教」就是為了改善這樣的情況而發展起來的。

六、過午不食

佛教鼓勵人要苦行苦修，例如：著糞掃衣、托鉢乞食、赤脚行路等，這些固然可以勵志，卻不一定在世界各地都能行得通。比方「眼觀鼻，鼻觀心」的修行，在車如流水的現代社會，走路不可隨意東張西望，不給汽車撞上，也要給脚踏車、摩托車撞倒，怎不該加以修正呢？當然，若修行要像皇宫大院裏以密教的儀式來修，這也是過火，倒可以不必。

當為一提的，一直以來，佛教提倡的「過午不食」，讓許多人以為只要過午不食，就會有很大的功德。所以，從中午十二點以後就不吃飯，等到第二天早上六點纔吃早餐。其實，從健康上講，腸胃經過十八個小時不得吸收營養，必然失去均衡，特别是腸胃裏没有東西可以消化，最後只有摩擦胃壁，造成所謂的「胃穿孔」了。

我見過許多「過午不食」的人，他在中午時段必須要硬撑肚皮，連吃好幾大碗或者一大盆的食物。其實，佛教講究中道，飲食還是以調和、適中為宜。常有寺院的住持方丈説：「我過午不食，晚上只吃一碗麵。」也有的人説：「我過午不食，晚上只喝一杯果汁、一杯牛奶就好。」這許多自豪的説詞，往往造就了自己虚假的生活

而不自知。其實，正常的吃，吃得清淡一點不就好了嗎？

有的寺院還因爲「過午不食」的規定，本來一天只要花十塊錢買菜就夠的，卻由於住衆吃不飽，營養不足，而必須花上更多的錢買藥來補助健康，造成寺院裏的人衆都成了藥罐子，實在是得不償失。

過去，鳩摩羅什門下四聖之一的道生大師，通權達變，不拘泥於舊制，以一句「白日麗天，天言始中，何得非中」並率先動筷進食，替宋文帝化解設齋宴僧，宴席開筵時間超過午時，應供的僧侶沒人敢進食的窘境。

七、佛門師徒

在佛門裏，經常有徒弟喊出：「這是我師父的！」「那是你師父的！」心裏只知道有師父，卻不知道要護持佛教；也有師父說：「這是我的徒弟！」「那是我的徒弟！」把徒弟視爲個人財產，而不把人還給佛教，「教」與「徒」分了家，也就削弱了佛教推展的力量。雖然也有人喊出「三分師徒，七分道友」的口號，但佛門師徒之爭仍然是佛教裏爲人詬病之處。

收徒納衆本是佛教正常發展所需要的，但是發展得太過，也就難怪印光大師要慨嘆，而提出去除「三濫」了。

有關佛教的教制，自佛教傳到中國來以後，因爲氣候、地理、信仰、習慣等和印度不同，要在生活中完全依靠最初佛制的戒律，確實難以適應。因此在近代太虛大師提倡「教制革命」之前，唐朝百丈禪師改革佛教的表現堪稱智慧卓絕，所有印度的戒律他一概不碰，重新再爲中國佛教建立叢林清規制度，也就稍稍給佛教帶來了一綫生機。當然，千年之後，太虛大師再提出「教制革命」，也是希望爲佛教帶來未來的生機，只因教界積弊太深，最後功敗垂成，但其開創性的意義，仍然具有不可抹滅的貢獻。

教產革命

太虛大師提出的「三種革命」，最後一個是「教產革命」。

佛教初傳中國時期，寺院一旦建成，信仰佛教的帝王、士大夫們都會競相供養三寶，以至於佛教裏的財富愈聚愈多。但是時日一久，往往引起社會官僚體系的嫉妒，而引發危機。就是到了現在，有些寺院因爲香火鼎盛，也讓一些地方官員看了眼紅，而處處給予爲難。事實上，出家人擁有財富，他不會挪爲私用，也不會拿回俗家給家族親眷使用，都是用在弘法利生和社會公益上，爲何不能擁有正當的經濟生活呢？再說，寺院沒有淨財，又怎麼能夠辦成這許多佛教事業，造福人羣呢？

不過，目前佛教裏的確也有一些關於財產處理的問題，極需要改革，例如：

一、佛教的財產是屬於教會所有？寺院所有？還是各自所有？應該有個準則。

二、佛教的財產如何用法，是教會決定？住持決定？還是會計決定？總該有個標準。

三、寺院裏的「油香」，應該有個管理辦法。在社會上，普通的機關行號、公司團體都有會計出納辦法，那麼現在的佛教跟社會一樣，也有財務的收支，因此，寺院的財富也要有制度化的管理辦法。

綜觀人世間的團體，過於富有，往往容易腐化；太過貧窮，則容易步入衰微。因此，小康時，大家要努力讓這個團體有所盈餘；欠缺時，大家更要懂得節省節約，量入爲出。同樣地，佛門裏的財務承辦人員也要懂得「開源節流」，對於財源在哪裏，是靠田產租金利潤或是靠買賣來增加淨財乃至於支出的項目、金額多少，也都要清楚明白。

說到支出，經濟是維繫民生命脈之所需，寺院裏確實也是有一些必要的支出開銷，例如：

一、水電修繕：寺院裏，舉凡水電費用的支出，乃至地震、風災或是年久失修造成的水電問題，都需要有

修繕的預算。

二、人事費用：現代寺院爲了因應時代發展，許多弘法事業都需要專業人士的參與，也就免不了要有一筆人事費的支出。

三、圖書文具：文書需用以及佛學研究書籍，皆爲寺院所不可少。

四：每日飲食：寺院平日除了照顧住衆的飲食，對於信徒也是「普門大開」，當然需要支出費用。

五、接待結緣：寺院接待來訪信徒、貴賓，多會以佛教紀念品相贈結緣，也就有購買的支出。

六、旅行參訪：自古以來，出家人多以行脚參學，徧訪天下善知識爲志，希望藉以究明迷悟。於此，寺院也都會多少給予贊助，以成就他們的道業。

七、醫藥治療：人吃五穀雜糧，生病在所難免，那麼有病就要醫治，必然也是一項支出了。

八、喪葬處理：每當佛教徒往生，寺院都會爲其舉行喪葬儀式，雖然不求奢華，簡單隆重，但是鮮花素果、供菜供飯、綫香蠟燭等都是必備品。

九、急難救濟：千百年來，佛教寺院普施濟苦，在慈善事業上的表現，實在不亞於慈善機構；付出的背後，當然也是一筆支出。

十、雜項：如：僧裝僧鞋、生活用品、車馬費用、各項弘法支出等等。

不過，與世俗社會所不同的，佛教一旦有了錢，就是把它用之於十方，廣結善緣；因爲錢用出去，沒有了錢，大家纔會一同想辦法籌錢，錢多了，有所爭執，也就會增加麻煩。像佛光山自開山以來，在經濟方面，一直都是處於「日日難過日日過」的情況，經常是明年的預算在今年就把它給用了，因此，常有人以爲佛光山很有錢，其實佛光山不是有錢，而是會用錢，懂得如何把錢用在弘法事業上。

至於佛教的經濟來源，在原始佛教時期，僧團並不重視收藏、儲蓄，一切衣食用物都是建立在「供養制度」上，出家人以「空」爲榮。但是這在當時，也曾引起一些爭端。例如：富樓那主張今天吃不完的糧食可以留到明天，以防明天社會動亂，或者鬧饑荒，或者遭遇意外，可以有點存糧，但是這樣的主張卻被大迦葉否決。所以，後來富樓那毅然決定出走，他說：「你們聽到佛陀怎麼說，就怎麼去落實；我聽到佛陀這麼說，我就這麼去實踐！」可以說，這就是教團爲了財務問題而分裂的開始。

那麼，佛教傳到中國之後，最初寺院的經濟來源都是依靠皇家賞賜田地，由於一賞就是幾百畝、幾千畝，甚至幾萬畝的，叢林擁有了這些田地之後，瞬間成爲大地主，漸漸地也就坐享其成，不肯勞動，而阻礙了佛教的發展。

不過，日後由於中國禪門倡導「農禪生活」，寺院有了田地，不一定放租給別人種植，自己也可以植樹、種茶、種菜，自耕自食，落實百丈禪師提倡的「一日不作，一日不食」，寺院纔又再樹立了教化社會的形象。

到了近代，太虛大師也曾提倡「農禪」，但是在社會從農業型態轉爲工業後，他又進一步提出「工禪合一」。不過，「工禪」的內容是什麼、如何實踐，太虛大師倒是沒有特別指示，只是先把這一句口號喊出來。

那麼時至現代，一般佛教寺院的經濟來源又是如何呢？以下我就略舉十點說明：

一、法會油香

向來，寺院依靠香火來維持經濟生活，這是不異的原則。因此，寺院除了佛菩薩有靈感以外，殿堂也必須維持清淨莊嚴，主持的僧侶要有道德、有學問，香火纔能旺盛。例如現在浙江的普陀山，不能只靠著觀世音菩薩一個人的力量，就想讓大家前去朝山、添油香，出家人還要負起教化信衆的責任。

至於那麼多的信徒到普陀山奉獻油香，寺院也應該把它供養給教會，分之於十方，不應該只有普陀山獨自

享受。所以，過去「中國佛教會」會長太虛大師把四大名山列爲四個特殊重點，意思也就是說，它們是直屬「中國佛教會」管轄，不是少數人可以把持的。

二、經懺佛事

佛教是宗教，當然離不開經懺佛事。照理說，一般人信仰佛教，逢上喜喪婚慶，都希望能以佛教的儀禮來規範他的人生；可是現在的佛教，面對信徒的喜喪婚慶，一向只有「度亡」特別旺盛，也就讓佛教蒙上了「度死不度生」的批評。

當然，功德佛事還是重要，假如能夠做得很莊嚴、有分寸，這在今日、以後，還是佛教僧侶賴以維生的一個經濟命脈。只是說，太過職業化的，所謂「販賣如來」的佛事，就有檢討的必要。尤其現在臺灣佛教的佛事越做越大，打水陸要七天，拜梁皇懺要七天，少則也要三天、幾天的，甚至一個人往生了，從倒頭經、助念的佛事，做到入殮、出葬、頭七、二七……七七、百日乃至週年紀念佛事，林林總總的功德項目，實在過於繁瑣，也就讓出家人没有辦法做更多的事，只能爲某一家財主服務；説起來是做功德佛事，實際上也只是充其面子而已。

總之，經懺佛事可以做，但是要讓信徒量力而爲，不能讓死人死不起！尤其，人的一生也不光是人死纔要和尚念經，人間的生老病死，佛教都可以給予輔導。舉凡一個人從出生、彌月、週歲、起名、入學、成年、婚姻，到房舍的遷居、落成，最好都可以爲他做一些簡單的慶賀祈福儀式，如此纔能讓佛法和社會家庭緊緊連結在一起。

三、四事供養

佛教初期的僧團多以衣服、飲食、卧具、湯藥等四事供養爲主，是僧團重要的經濟來源。當然，信徒願意供養是好事，表示出家人的慈悲、修行、道德，贏得信徒的尊敬。只不過有少部分的信徒，不依「法」供養，只因爲這個出家人對他很好，也就不論法師的道行如何，而全心全意給予供養。這間接地也就養成了一些出家人懶惰、攀緣的性格，甚至還可能讓道場成爲某些施主的家廟，而無法發揮爲衆生服務的功能。

所以，對於信徒的發心供僧，我常説：供僧是供養全年，不只是供養一天；供僧是供養十方，不只是供養一人；供僧是供養未來，不只是供養現在；供僧是供養學道，不只是供養熱鬧。這幾點，希望信徒大衆都能夠注意。

當然，如果出家衆收到信徒的供養，也應該反省自己是否堪受得起，尤其要將供養回歸常住，作爲弘法利生之用。

四、化緣爲生

化緣，是一個很美的名詞。在人間，我給你一些緣分，你也給我一些緣分，緣分給來給去真是很美好的事情。只是説，化緣要化善緣，不要化惡緣。有時候一些不懂事的年輕出家人，只管向信徒强行索取，硬叫人家出多少功德，這實在是化緣的缺陷。也有的出家人無所事事，只想拿個鉢等在人家舉行的法會門口或者活動場所，向往來的人士化緣。你若是爲了公共事業，所謂「衆擎易舉」，當然可以要大家隨喜樂捐，可是如果是爲了個人的生活，每天幾十塊錢就可以維持飽暖，爲什麼一定要拋頭露面，每天以化緣爲生呢？也難怪有人要説「寄佛偷生」了，這真是很不雅的説詞啊！

其實，如果你能把化緣的時間拿來用功，參禪念佛，有了道行之後，不必去化緣，信徒也會主動前來護持、供養，那不是更增加你的德望嗎？

五、房屋收租

過去的寺院都很大，但是後世的子弟不知道利用作爲禪堂、念佛堂、塔院或學院，也不知道要興辦事業，

以至房屋用不了，只有出租或讓售，甚至於供給人家停棺；無奇不有的名目，也就埋下了佛教衰微的禍根。

過去一個寺院就擁有一兩條街的土地，但現在這許多現象已經減少，慢慢地形成「都市佛教」的型態；這種現象也不是不好，讓佛教自食其力，不再靠房地來維持生活，也就免得讓出家人養成富家子弟的惰性，對佛教是有利的。

當然，這也不是在說財富不好，只是財富要用自己的勞力、辛苦、智慧去獲取；如果說完全不靠自己，把自己生存的能力捨棄，不但是個人的悲哀，也是團體的失敗。

六、書畫藝術

過去有一些清高的出家人，不忍心向信徒化緣爲生，過不勞而獲的日子，便發憤創造自己在書法、繪畫上的成就，以出賣字畫的所得來維持自己的生活和修行。例如我在焦山定慧寺的時候，寺前幾十個庵堂裏的師父們，都是以書畫藝術來維持常住的開銷。甚至過去也有不少在書畫上成就很高的出家人，例如：民初弘一大師的書法、清代四大畫僧八大山人、石濤、石谿、弘仁的畫作等等。

我沒有什麼專長，如今能夠辦理公益信托教育基金，也是仰仗著「一筆字」爲人所喜，信徒們在獲得了我的字之後，都會捐獻一些錢做公益基金，也就讓我們的弘法事業得到了更多的方便。

七、法物流通

在寺院裏一般都設有法物流通處，讓佛教徒或社會人士方便獲得各類佛教書籍、佛像法物以及佛教錄影帶、錄音帶等，藉以帶動佛教的文物流通，也使佛教文化得到弘揚。但是佛教與一般社會買賣不同，不以營利爲目的，我們要賺的是佛法和人緣，因此「非佛不作」，不販售一些與佛教無關的紀念品。

八、素食餐飲

臺灣有許多素食餐館都是一貫道信徒開辦的，給了吃素的人很大的方便。佛教也應該想想如何經營素食，以便服務素食者。如果寺院本身負擔不來，還可以邀請信徒到寺裏來做，再由寺院、教會協助募集資金。

不過，佛教的素菜至今都沒有一個標準煮法，光是一道青菜，各家的煮法就不同，不若西式的漢堡、披薩，無論在世界哪一個國家，都是同一個樣。但是，臺灣的寺廟倒是都很有供養心，不怕人家多吃，只不過除了吃素菜之外，如果能再舉行座談會，接引信徒學佛，那就更好了。

九、弘法事業

寺院不僅是修行辦道的地方，也可以與社會的文化、教育、藝術等做結合，例如：創辦電臺、電視臺，發行報紙、成立出版社，設立各級學校、美術館等，以種種事業來弘揚佛法，這也多少能增加一些淨財收入。

十、觀光朝聖

現今寺院大都設有接待信徒遊客的客堂、朝山會館等，不只讓來山者觀光朝禮，並且提供他們吃住的服務，這也能增加寺院一點淨財來源。當然，在食宿之外，如果能再給予佛法的鼓勵、文教的接引，日後寺院必然會成爲一個淨化心靈的去處。

在佛教裏，主張財富的獲得應該從修善培福、廣結善緣而來，一切所得都有其「因緣果報」的關係。因此，自佛光山開山之後，我最先確立的就是佛教處理淨財的方法，尤其經常倡導「以智慧來代替金錢」、「有權者不管錢，管錢者沒有權」、「不私自化緣」、「不和信徒共金錢往來」、「回歸常住，利和同均」等等財物處理的觀念。總覺得，佛教的錢財是十方來十方去，是大衆所共有，寺院不但要懂得善用淨財，對於財富的處理也要有健全的觀念，纔能讓道場永續發展。

總説我這一生在佛教裏，爲了讓佛教跟上社會的進步，在思想上，我無時無刻都在更新；在實踐上，我經常不斷地在做調整。雖然我知道佛教必須改革，但往往都不是「一腔熱血」地去革新，「寧靜革命」，有進有退，有行有止，雖然不能收立竿見影之效，然行之有恒，也會慢慢克服一切！

我與青年的因緣

近代的佛教，最爲人詬病的，就是信佛教的都是中老年人，年輕人參加佛教活動的爲數很少。我想到，佛陀當初十九歲出家，三十一歲悟道，就是一個青年；玄奘大師到印度取經纔二十六歲，也是一個青年。佛教裏面的善財童子、羅睺羅、阿難尊者等阿羅漢，都是青年。

年輕人有熱情、有朝氣，對一個團體，對國家事業的發展，有最大的貢獻；連過去西諺都說，讓我先看看你們國家的青年，我就知道你們國家的前途。

青年，是國家的棟樑，没有青年，等於没有棟樑，這座大廈怎麼樹立呢？佛教與神道教最大的不同是，許多神明臉上留著鬍鬚，手持武器，但我們從佛菩薩的莊嚴相貌，没有一個是拿武器，也没有留鬍鬚，就可以知道佛教不但崇尚慈悲、和平，而且是重視青年的宗教。

一九四〇年代我還在大陸的時候，就注意到佛教青年的重要；只是那個時候我人微言輕，没有地位，除了自己在佛教革新聲中扮演一種温和進取的角色，但也没有什麼成就。

到了臺灣，大約是在一九五五年左右，我想組織青年辦一些活動，於是邀約了臺灣大學的張尚德、王尚義，師範大學的吴怡等數十名青年在善導寺集會。會議上，我提倡大家要參與佛教青年活動，大家也都同意。我特别向他們介紹一些學者教授的著作，像梁啓超的《佛學研究十八篇》、譚嗣同的《人學》、羅家倫的《新人生觀》、王小徐的《佛法與科學之比較》、尤智表的《佛教科學觀》等等。這許多科學家、哲學家、史學家，大家聽了很熱絡，也想向他們看齊，於是就有了這樣的集會。

我知道當時的年輕人，是没有辦法叫他們拜佛誦經的，我只是想，讓青年最感到趣味的就是郊遊。當時，臺灣的交通還不是很方便，也不知道有什麼旅遊景點，不過那個時代，大家也接受現實的社會，就地取材，各取所用。記得隔天就是星期日，於是，大家商量好，相約可以暢遊中和圓通寺，預計有五六十人參加。

但是，纔開過會議，大家解散不久，悟一法師就叫住我說：「某人，以後這許多青年人，你可不准帶到善導寺來。年輕人的消費最多，我們善導寺可供應不起。」

我一聽相當驚訝，還氣呼呼地回答他說：「難道我們只能度老公公、老太太嗎？」他說不過我，只有說：「不要在此活動。」彷彿一盆冷水澆了下來，實在無可奈何。

是的，我每次從宜蘭到臺北，可說是「上無片瓦，下無立錐」，但我總不能帶著這些青年在馬路上講話啊！

正感無奈的時候，看到周宣德居士從大雄寶殿穿過，我一個快步跑上去，對他說：「周居士，剛纔出去的這些青年人，我約他們明天在中和圓通寺集合郊遊，但我臨時有另外的事情，你能到那裏領導他們嗎？」

周居士當時是臺糖公司的人事主任，平常與我們的思想接近，也談得來，他一口說：「没有問題。」就承擔下來，讓我感念不已，否則我就不知道如何收拾這場面了。

接著，我又再羞澀地跟他說：「青年郊遊，總是要有一點糖果、餅乾等，增加他們郊遊的氣氛。」他又是說：「没有問題。」滿口答應，讓我真是謝天謝地。

說來，悟一法師是我焦山的同學，也是我在棲霞山家師志開上人的法子，我們有法系兄弟的關係，但是他現在是善導寺當家，算是主流派人物。經過這件事之後，我從此認爲他是一個守舊冬烘的老邁人士，不懂得佛教的前途是在青年身上，也不懂得佛教未來的光明，需要年輕人來點亮慧燈，照亮世間。所以，我同善導寺就有了一些隔閡。

但是在那個時候，我們也不能少了善導寺，因爲我從宜蘭到臺北來，沒有一家地方可去，只有在善導寺客廳的沙發上可以坐下來，等一個人或等一通電話。那次之後，我對善導寺有了意見，什麼事都不想幫助他們。我記得他們經常爲了少一個人念經，到處打電話都找不到人而焦急不已，但他也不敢叫我，爲什麼？因爲我是從事文化教育、佛教青年運動的人，我可不跟你們去趕經懺。

這是我在臺灣佛教青年運動的第一次失敗，真可以說「壯志未酬身先死，常使英雄淚滿襟」一句！

宜蘭佛教青年運動

在臺北沒有辦法發展，退而求其次，我只有到宜蘭發展佛教青年運動。我組織歌詠隊、弘法隊，我成立青年團，我設立文藝班，這樣才有一些優秀的年輕人不約而來，參與我的各種弘法活動。例如：裴德鑒、楊錫銘、周廣猷、朱橋、林清志、李新桃、張優理、吳素真、張慈蓮等青年；後來，又有一羣縣政府的員工、電信局的小姐，如：蕭慧華、李素雲、黃惠加、曾素月、曾讚卿、朱靜花、林美森等二十餘人，都一起前來參加。一時，使得我們小小簡陋的雷音寺，增加了許多青年男女，也可以說，青年的佛教，就在宜蘭如火如荼地展開了。

一直到現在，這些青年運動還是有成果的。如：慈惠法師幫我興建多所的大學、中學、小學，替我翻譯閩南語、日語；慈莊法師幫我在海內外興建了多少的寺院道場；慈容法師幫我在世界上成立多少佛光會；林清志和林秀美繼我之後，四十多年來，從未間斷在監獄佈教；蕭碧霞爲我在佛光山管理財政；楊梓濱、張肇，替我在佛光大學擔任建校的義工；服務於臺北榮總X光科的李武彥，幾乎成爲我健康的守護者；朱橋在臺北編輯《幼獅》雜誌；裴德鑒後來也升任將軍；楊錫銘、周廣猷他們在各地負責軍事的要職等等。

這許多青年朋友們，替我做過環島佈教，參與各地念佛會的成立，參加歌唱弘法，灌製唱片，點燃初期佛教音樂傳播的火苗。

最初青年人來我們的寺院參加活動，是秤秤我們的斤兩，他也會看看我們有沒有條件。好比交朋友，也要看對方的品德，談愛情，也要知道對方的家世；現在他跑佛教的道場，也要知道佛教的一些內容。所以，青年人初入佛門，你必須要有一些世間的情誼來接待，但是進了門以後，你就需要用佛法來影響他們。他有了佛法，就會產生慈悲心，提高忍耐的力量，增加道德的用心，他就把佛教看作自己的家事一樣，就能與佛法合流。有了信仰，他就願意爲佛教奉獻，甚至爲佛教犧牲。

令人欣慰的是，至今這許多青年已成爲七十歲的垂垂老人，但他們依然參加歌詠隊，還到臺北「中山紀念館」、大陸以及菲律賓去演唱。青年的心，老兵不死，佛教還怕沒有希望嗎？

所謂青年運動，在一九五〇至一九六〇年間，物質的條件非常缺乏。例如：辦青年文藝營的時候，就用板凳做桌子，人就坐在地上；說是開辦文理補習班，也沒有教室，在路邊的樹下，或就著人家屋簷下的走廊上，就上起課來了。年輕人也不嫌棄，因爲他知道，這對他們的知識、前途會有所增加。

宜蘭中學音樂老師楊勇溥（又名「詠譜」）先生，是我最感念的人。他爲人低調，沈默寡言，可說是一位謙謙君子。青年要唱歌的時候，我沒有鋼琴樂器，只有跟慈愛幼稚園借來風琴供給他使用。我沒有歌曲給他教授，他就要我作詞，他來譜曲，合作多年，他未取分文。

就是有楊勇溥老師的關係，佛教的歌曲如《西方》、《鐘聲》和《弘法者之歌》等，就一首一首地出來了。

在最初一九五〇年代前後，佛教青年運動固然是一件新穎的創舉，提倡唱歌，更是引起佛教界的議論。當然也有的人批評：佛教，還唱什麼歌？其實，我五音不全，我也不會唱歌，但世間的事情都不是爲了自己，是爲了大家的需要。

因爲我們有個佛教歌詠隊，有時候，電臺會找我們去録音播放，軍營也會找我們去演唱。因爲宜蘭對佛教音樂的推動，繼之，臺中佛教蓮社口琴班成立了，澎湖佛教音樂團成立了，高雄佛教堂聖樂隊也成立了，相繼地在臺灣，如臺南、嘉義等許多先進的佛教團體，也都跟著唱歌了。

因爲唱歌的關係，在臺北有一位朱老居士，他說，星雲，實在是個大魔王，竟然他現在不唱讚偈，改成唱歌，這是要滅亡佛教啊！什麼人發心能到宜蘭去把他殺了，免得敗壞佛教。

這樣的說法傳到我的耳裏，我一點畏懼都没有，我對青年運動一點卻步、灰心也没有。一不作二不休，我把一些殿堂裏的讚偈改成佛歌，信徒也都支持我，他們說這個比較好懂，唱起來比較容易進入佛的世界。

我把青年組織起來，帶到鄉間去弘法，甚至環島佈教。國立杭州音樂學院畢業的謝慈範，高歌一曲，讓人如癡如醉；宜蘭女中有「小周璇」之稱的張慈蓮，每次唱歌下來，都有不少人圍住她，要求她簽名。吴慈容坐在三輪車上，拿著擴音器，到大街小巷去高呼宣傳：「咱們的佛教來了！咱們的佛教來了！」在那個基督教盛行的時代，每個聽到的人無不動容。

張慈惠小姐替我翻譯閩南語，無論走到哪個地方，在各個鄉村鎮上，說起「各位父老兄弟姐妹們」，比「各位法師、各位居士們」，還要更加讓人接受。

在宜蘭最初幾年弘法下來，青年會愈來愈擴大，應該有數百人之多，因爲没有地方集會，人多也難以管理，我就依他們的年齡、學歷、興趣，分別把他們組織起來。有的參加歌詠隊，有的參加弘法團，有的叫學生會，有的叫青年團，有的加入文藝營，有的參與幼稚園，有的是監獄佈教組，有的是電臺廣播組等等。我這個時候纔知道組織的力量非常有用，因爲各組、各隊，都不要我一個人來統領他們，他們各自都懂得分頭努力。

這些青年們同我也有了共同的感情和理念，爲了佛教，爲了信仰，不惜一切，「但願衆生得離苦，不爲自己求安樂」。青年也都好像辛亥革命時期的黄花崗烈士們一樣，慷慨激昂，個個都說：我要爲佛教轟轟烈烈地做一番事業。

這些青年們，一個指示要到羅東弘法、要到蘇澳佈教，他們就忙著與家長協調。不過這些家長也都知道，他們的子女在宜蘭念佛會，很正派，很有朝氣，没有什麼越軌的行爲，所以都很放心地把這許多青年交給我。甚至到後來，我好像也變成這些青年的家長一樣，男生要娶太太，一定要把女朋友帶來和我認識；女生要嫁人了，也一定要把男朋友介紹給我知道，他們說，讓我看過，他們比較放心。其中有一位青年女老師，還是從我們慈愛幼稚園爲她送門嫁出去的。

我記得我們到宜蘭左近的鄉鎮，如員山、壯圍、礁溪、冬山去佈教，都是騎脚踏車前往；没有脚踏車的人，就由騎車技術好的隊員，載著他們坐在車子的後座，讓他們也都能夠一同參加弘法。甚至於到羅東、蘇澳，因爲路途太遠，相距大概都在數十公里以上，只有改搭火車。可憐的我們，當時有百人以上，連火車票都買不起了，後來感動當時一名火車站的職員，他說，感念你們，你們都是爲了社會，改善風氣、净化人心，你們上車吧，不收你們的車票。

我記得有一次，出發的時間就到了，我們主要團員之一，負責翻譯的張慈惠小姐還没有到。眼看著她遠遠的從光復路趕過來，但火車時間已到，不能不開，如果真的等她進到火車内，至少也要三到五分鐘以上。承蒙火車站的站長謝克華安慰我說，師父，不必著急，我們慢幾分鐘開好了。

這些弘法的青年們有時候佈教結束，收拾完工具、整理好廣場的東西以後，都已是晚上十一二點鐘了。沿途騎著脚踏車，大家法喜充滿、興高采烈，所以《弘法者之歌》裏面寫著：「銀河掛高空，明月照心靈」，就是這樣應運而生了。

當唱到「佛歌入雲霄，法音驚迷夢」，學習尊者富樓那爲了弘法，不怕生死危險，學習尊者目犍連爲了度衆，不惜犧牲殉教，大家真的是「不畏魔難強，不懼障礙多」，只要佛教興隆，什麽都不惜，只要勇往向前。

因爲青年們愈聚愈多，甚至有些兒童也都趕來參加，我只有另組兒童班。當看到一兩千名兒童坐在地上，合掌念著七音佛號「南無阿彌陀佛」，那景象真是令人感動不已。尤其，有一個十一二歲的小妹妹自己合掌念佛，背上背的一兩歲的娃娃也跟著合掌念佛，在那種情況下，你説我怎麽樣自覺自己是一條硬漢，眼淚也不禁奪眶而出。所以我後來就感覺到，常有一些事讓我感動，我也願意做很多事情來讓人感動，人間感動來，感動去，相互感動，這世間不是很美嗎？

後來宜蘭念佛會的青年，他們自己也向外拓展，在各個學校、各個機關，招募志同道合的佛教徒，他們和臺中佛教蓮社的口琴班有了來往，也和澎湖佛教的音樂團有了交流，他們互相訪問，甚至他們舉辦聯合佈教。一時，臺灣佛教青年愛教的熱忱，風起雲湧，臺灣青年的佛教，此時已初步展開新的一頁。

高雄佛教青年運動

一九五四年，我在高雄煮雲法師的鳳山佛教蓮社弘法，高雄苓雅區的青年在一個神廟裏，設立了一間苓雅佈教所，邀我去講演。當時，我跟他們講：「佛教的前途要靠我們努力。」他們深受感動。從此，有數十名青年每天晚上跑到鳳山佛教蓮社來聽我講經。

這些青年跟我説，他們要興建佛教的道場，記得我還把剛剛出版每一本五塊的《無聲息的歌唱》，捐了兩百本給他們，以表示贊助。一兩年後，高雄佛教堂的地基都打好了，堂後的圖書館也都裝修完成，只是前面的殿堂，因爲没有經費而無法繼續。

這些青年邀約我到高雄佛教堂去弘法，但我也瞭解，佛教堂裏基本的幹部，他們和僧團並不是很相應。因爲那個時候，在臺南有一位佛教的老師叫普明燈，他主張不要禮敬僧團，只要皈依自性三寶。可是他的言論，並不能爲廣大的青年所接受，所以多數的青年，還是邀我爲他們主持皈依典禮。於是，我又和高雄佛教堂結了緣分，跟這許多高雄的年輕人有著分不開的關係了。

一九五五年，他們要我講《觀世音菩薩普門品》，因爲人數太多，没有辦法，我只有露天對著這一兩千人就講起來了。這當中，有一位天主教的神父，每一次都會來聽我講説，那就是後來與我因緣深厚的紅衣主教單國璽樞機。

這大概是高雄開埠以來第一次的講經，所以引起社會大衆熱烈的回響。一九五五年以後跟著又開始打佛七。一九五六年舉行第一次佛七，就有六百人以上皈依，在當時引起社會很大的重視。到第二年打佛七時，參加的人數更高達兩千多人，有八百人皈依，奠定了我和高雄佛教青年、信徒的緣分。

那許多可愛的青年，大都是來自於各機關、各學校、各工廠，每天騎著脚踏車、摩托車到前鎮各大公司、工廠上班，來來去去，往往超過十萬人以上。可惜，我們没有那麽大的地方可以容納這許多青年。不得已，高雄佛教堂隔壁的用地，本來警察局預計要做員警宿舍，我們只得請高雄市「議員」洪地利和警察局做交涉，請他們把這塊地方讓給我們使用。

説起來，高雄佛教堂的青年比哪裏的青年都更熱情，我走到哪裏，他們就跟到哪裏。我記得他們一集合，都是數十人，甚至上百人，趕到嘉義、趕到臺中聽我講座。因爲那個時候，交通費是我們最大的負擔，所以我也不忍心他們這樣花費，於是就承諾每個月都去爲他們主持講座。也因爲講經的關係，這些青年對佛教的信仰，就不是從拜拜入門，而是從聽聞佛法開始了。

我因爲承諾每個月都要到高雄爲高雄佛教堂的青年、信徒們說法一次，因此，在佛教堂已有的聖樂隊以外，我又組織了歌詠隊。我每次一到高雄，這許多年輕人，就買月臺票到月臺上列隊歡迎我，至少有三百人以上。火車一到，他們的聖樂隊就「嘟、嘟、嘟」地奏起歡迎歌。出了車站後，他們又要我坐上敞篷車，由樂隊在前面引導，從火車站走到佛教堂。

最初，我自己也感覺到新奇不已。真實講，說是我度這些青年入佛，還不如說是他們度我增加對佛教的信心。特別是這些高雄的青年們非常活潑，主動參與弘法活動，幾乎每天都在高雄佛教堂進進出出，似乎已經把佛教堂當作是自己的家了。像設計師陳仁和，因爲設計高雄佛教堂，當選「臺灣十大建築師」；爲了四處去佈教，女低音楊春蓮小姐唱起歌來，大家都稱讚她比女低音歌后白光唱得還要好聽；我們也到過臺南、鳳山、岡山、屏東等各地去佈教。因爲這樣的關係，我和高雄佛教堂就更結下不解之緣了。

這些青年爲了繼續完成高雄佛教堂的建寺工程，就以義賣「愛國獎券」來籌款。當時的「愛國獎券」一塊錢一張，每賣出一千張，就可以摸彩，獎品是贈送脚踏車一部。那時候，一部脚踏車七百塊錢，因此只要賣到一千張獎券，就可以有三百塊作爲建寺基金。

不可思議的是，經常半個月時間，青年們就能賣出七八萬張。這是因爲脚踏車在那個時候，還是最普徧的交通工具，高雄加工廠、造船廠、臺肥公司的員工，每天上下班都要經過高雄佛教堂的門口，他們看到買「愛國獎券」不僅可以對獎，還可以參加摸彩，並且有機會獲得當時流行的脚踏車，也就非常熱衷。可以說，高雄佛教堂就這樣由青年們發心義賣獎券，一塊錢、一塊錢，像堆磚塊一樣地建起來了。

當然，那時候我們也會遇到一些困難。例如：經常我們在寺裏講經，佛教堂的外面就有許多穿著白色衣服的基督教徒，高喊「信耶穌纔得救」。對於基督教徒這樣公然到寺廟門口發傳單，拉攏我們的信徒去他們的教堂的情況，信徒們也深不以爲然，但是那個時候的社會風氣如此，我們也只有忍氣吞聲。

儘管高雄青年運動是如此蓬勃的發展，但帶給我很不自在的地方就是，我每一次往返高雄，他們都有數百人用樂隊排列在高雄火車站等候。那個時候，我的年齡纔二十多歲，這麼一個年輕的和尚，這麼大的陣仗，我看到站長的眼神裏流露出奇怪的樣子，就深深覺得慚愧。因此，我一直告誡高雄的信徒和青年們，你要我來高雄，就不可以這麼熱烈地迎送，但是信徒們往往是我說我的，他們還是依他們的做。

終於，我實在不習慣這樣的對待了。因爲當初叢林的教育，沒有養成我跟社會接觸的心理預備，哪裏習慣這種熱情的活動？因此，每一次往返高雄，他們很熱，但我心裏很冷。雖然我有心度化青年，從事青年運動，最後，我還是減少常到高雄，而選擇定居在宜蘭。

爲了不忍那許多年輕信徒的熱心就此消滅，所以我特地禮請香港的月基法師前來指導、主持法務，而我只是掛個監院的名義。漸漸地，就很少來高雄了。但這許多年輕的信徒，不懂得依法不依人，他們只是接受我的「人間佛教」的性格，並不接受月基法師那種寺廟的行事。

這些青年中，有周慈輝、周慈華、楊慈音、翁慈美、翁慈秀、陳慈香、王慈書、方耿伯、陳仁和、朱殿元等，都是青年信徒中相當特出的。假如我那時候發動他們，我們共同合作辦一所大學，我想，衆志成城，必定能有所成就。只是，我那時候自知自己還沒有創辦大學的條件，雖然有一些人事上的因緣，青年佛教的運動，卻還沒有到達那種登峰造極的階段，我也就量力而不敢妄想冒進了。

到最後，因爲月基法師和我對他們領導的方式不同，高雄青年對佛教的熱忱就這樣又再鬆懈下來了，實在甚爲可惜。

出家青年到大專青年運動

南臺灣的佛教青年運動如此熱絡，但還都只是社會的青年參與；當時，我就感覺到，這些在家的青年，他們有家庭，有職業，要生活，不能常常爲了佛教荒廢他們的事業。這樣的發動青年運動，也不合我的意思。所以我就興起想辦佛教學院，訓練出家衆的幹部，讓出家人也能參與佛教青年的運動。

後來，雖然壽山佛學院是成立在小小的壽山寺裏，卻也連續招收了一年級、二年級、三年級三班的學生。沒有教室讀書，就在納骨堂裏上課；容不下睡覺，青年們覺得睡在走廊上他也願意。所以，佛教在家的青年運動，到了這個時候，已提升到出家的青年一起來參與了。

當時，慈莊、慈惠、慈容、慈嘉、慈怡等都已經出家做了比丘尼，心平、心定也做了比丘。甚至於其他的縣市，如臺中的普暉、花蓮的紹瑩、新竹的悟證、頭份的真悟、嘉義的道觀，以及臺中佛教會館的真芳法師等等，都成爲佛教青年運動的佼佼者。

但我還是感到不滿足，終於得到一個機緣。越南的華僑褚柏思（佛林居士），他們夫婦爲了辦海事專科學校，在高雄縣大樹鄉麻竹園買了一塊地，因爲經濟接不上來，夫妻焦急得要自殺。我於心不忍，就把高雄佛教文化服務處的這一棟房子賣了，贊助他們。後來他們說，這塊地乾脆就送給你吧！所以就有了佛光山現在這個地方。

從一九六七年開山到一九六九年左右，我一直想要提升佛教青年的運動，於是，我開始召募大專學生參加佛教青年夏令營。

過去，我和社會的青年接觸，當局還不太注意，但現在要找大專青年，勢必影響太大。因爲那個時候，青年，是一個很敏感的名詞，當時的大專青年幾乎是没有人敢碰觸，只有蔣經國先生的「青年救國團」是合乎規定的金字招牌，民間没有人敢辦青年活動。但是，我們也想搭上青年的順風車，希望能有一角之地，帶動佛教青年。

這最早是在臺北和一些青年接觸的因緣，雖然後來都交給周宣德居士去繼續領導，我也知道，周居士爲了領導青年的意見不容易分散，他已經不容許別人參雜到青年的運動。但對我，承蒙他對我禮讓幾分，我就跟他說明，我也要在佛光山舉辦大專青年佛學夏令營，希望他給予資助。當然，他也不會反對。不過，就算不支持我也沒有關係，因爲後來我獲得「青年救國團」執行長宋時選先生的同意，我就正式地對各校招生了。

那是由於我遇到一個很好的機緣，「救國團」南區知青黨部總幹事張培耕先生，忽然皈依在佛光山門下。他是江蘇如皋人，我和他談起佛教青年的發展，他就提議我和宋時選執行長一談。

我跟宋先生說，青年在你們的戰鬥訓練中，精神武裝、心理建設也很重要，我們可以來辦個禪學營，加入你們的暑期活動，響應你們的青年運動。

他一聽很高興，眉飛色舞地說：「可行，可行。」於是，就在一九六九年佛光山開山第三年，一切設備都還不具足的情況下，就對外宣佈舉辦大專青年禪學營了。

事有湊巧，張培耕後來又調到高雄市做「救國團」總幹事，我就一不作二不休跟他說，既然要辦禪學營，你要支持啊！因爲我什麼都不足。他大方地支援了所有的住行，提供幾十部大卡車，幾百條的軍毯，因爲他們只要向軍中申請，都是OK。不然，我也不知道夏令營的青年要怎麼睡、乘什麼交通工具了。因此，我也就沾了光，讓青年們可以安心睡覺，又可以在汽車還没有普徧的時代，讓他們坐上大卡車在街上呼嘯而過，真是意氣風發，得意不已。所以，凡事都是逐漸成就的，只要有發心，因緣都會來找你。

那時候，我把壽山佛學院的老師都請到佛光山來授課，有唐一玄教授、黃靜華教授、成功大學唐亦男教授、閻路教授、「陸軍官校」的張毅超先生、陳義明教授等。當時，和佛教學院的師生配合，例如：慈惠法師

做生活組、慈莊法師做教務組、慈容法師做歌唱組，就這麼熱烈地展開夏令營的活動。

有的人爲我擔心，認爲我膽大，竟敢率先辦起大專青年的活動。我說，不必怕，你没有看到佛光山的大門口嗎？那裏掛了「救國團」的旗子。

他肯得把旗子給我一掛，在那個敏感的時代，這可算是我最得意的事情了。因爲，那等於是「姜太公在此」，百無禁忌，所以員警也不來查問，記者也不來採訪，一切都是平安無事。

在臺灣那個威權時代，我能召集到這許多青年，當然不敢談什麼運動，但可以說，這是臺灣第一個佛教青年夏令營，對佛教有重要的發展。這許多年輕人受佛教的影響，大家上進、發心，後來在社會上也有了許多的貢獻。

例如：被譽爲「世界換肝之父」、現任高雄長庚醫院院長陳肇隆醫師，就是我們當初夏令營第一期的學生。現任臺北榮民總醫院院長林芳郁，以及在美國開業的醫師，如：沈仁義、鄭朝洋、李錦興博士等，也都是那時候的青年，所以我每次旅行美國，承蒙他們爲我醫治牙齒、皮膚、眼睛等，都不收我的費用。

還有，在日本行醫的福原信玄、林寧峰醫師；擔任「中華總會」北區協會會長的趙翠慧；做過國民黨雲林地方黨部主委的薛正直；在臺大任教三十餘年，退休後獲聘爲臺大化工系名譽教授的吕維明；捐贈頭山門彌勒佛的朱朝基；以及創作佛光山大雄寶殿三寶佛的陳明吉，後來他還去做了高雄市「議員」；甚至昭慧法師、依空法師等，也都是我們那時候大專夏令營的參與者。

再有，正臺壹工程公司總經理蔡國華的夫人陳素雲女士，也是我們夏令營的學生。他們組織佛化家庭後，夫妻倆至今護持佛光山的文教事業不斷。後來在臺南組成「佛教合唱團」，以歌結緣，以歌修行，也影響了數千人的家庭。

第一年的大專青年佛學夏令營有一兩百人參加，到了第二年，報名者就有萬人以上，實在容納不下，我們只能分梯次舉行，每次都有千餘人參加。也承蒙沈家楨先生從美國寄來美金一萬元，給予我算是熱烈的資助。

但由於回響熱烈，發展太快，實在受不了壓力；同時有些寺院的人也來教訓我說，你有辦法給那許多年輕人吃啊用的，等他們解散以後，就到我們的廟裏來，也是吃啊用的，我們可負擔不起。對佛教青年運動的發展，假如説我有灰心的時候，就是聽到這個話，我也不得不感到灰心了。

此外，因爲人數太多，也引起許多流言蜚語，甚至有人誣陷我們，連臺灣大學方東美先生、葉阿月教授都説，佛光山是「共産黨的大本營」。原因是，那時候臺灣有不少激進的異議人士在我們那裏教書，如：陳鼓應、楊國樞、李亦園、韋政通、林政弘、楊政河、李日章等。後來，爲了避免遭受當局的不瞭解，對佛光山採取迫害行動，因此在辦了五六期的夏令營之後，我們就知趣而暫停不辦了。這也算是我的青年運動成功又失敗的例子。

「中國佛教青年會」

佛教青年的運動，到了一九六九年佛光山辦大專青年佛學夏令營的時候，可以説到達一個高潮；另外在宜蘭的青年運動也相當熱絡，雖然他們也能走到世界各地，但都只能算是地區性，總是局限於有限的力量，少了一個立足點。因此，我一心一意地希望組織全臺的「中國佛教青年會」。我就在一面編輯《覺世》雜誌之下，一面鼓吹辦青年會了。

一直到了一九八〇年《普門》雜誌創刊那一年，我正式向當局提出申請成立「中國佛教青年會」，因爲我有發起人，我有理監事名單，例如：開證、靈根、今能、慧岳、宏印、王正和、李中和、蔡新民、簡宗修、林登義、吕維明、陳洎汾、吕炳川、王金平、鄭行泉、煮雲、廣元、心平、慈惠、慈容、慈嘉、心定、張培耕、

朱斐、龐金盛、藍吉富、葉英傑、王清連、林世敏、王仁禄、游祥洲、何壽川、高永祖、潘孝鋭、薛正直、劉修橋、康啓揚、胡秀卿等八十餘人，可謂陣容相當。

那個時候，我們也備有一份「中國佛教青年會發起書」刊登在《覺世》旬刊上，希望號召各界人士的認同。主旨是，請主管單位准許我們籌組成立「中國佛教青年會」，加强輔導佛教青年進德修業，確立他們服務的人生觀，進而以自律利人的宗教精神，擴大社會服務，改善社會風氣。

而在説明裏，我以「接引社會青年，改善社會風氣」、「堅定愛國信念，完成弘法大業」、「弘揚佛教教義，復興中華文化」、「擴大社會服務，促進國際交誼」、「掃除迷信偏執，加强心理建設」等五點，進一步講述成立「中國佛教青年會」的好處，以及對國家、社會青年的重要。

比方，孫中山先生説：「研究佛學可以補科學之偏。」梁啓超先生也説：「佛教是智信，而非迷信。」現在一般青年，身處複雜的現代工商社會，不免時生徬徨煩惱，心靈趨於空虛。如果能夠成立「中國佛教青年會」，必可以使廣大社會青年，找到正確的心靈寄托，專心力求上進。

我也提到，佛教主張自覺、慈悲、佈施，所以信仰佛教的青年，無分國籍、宗派、地域、性别，能有共識成立「中國佛教青年會」，讓青年在佛教教義薰陶下，信念及組織不致偏激失真而造成不當行爲。

特别是成立「中國佛教青年會」以後，可以藉由各種學術、文化活動的舉辦，强化青年倫理道德信念，提高青年務實力行的精神。尤其，佛教教義强調捨己爲人，普度衆生，凡是受到佛法薰陶的青年，無不富有救人救世的慈心悲願，充滿著服務社會、造福人羣的奉獻精神。成立「中國佛教青年會」，正可以發揮青年無比的活力，遠離盲動與偏激的過失，轉而從事社會服務活動，協助政府建設安和樂利的現代社會。

目前全世界佛教國家，多半設有佛教青年會，如斯里蘭卡、泰國、日本、馬來西亞等都有這類的組織，經常舉辦國際性文化交流活動。因此，如果我們能成立一個宗旨明確、組織健全的「中國佛教青年會」，不但可以充分開發社會服務的人力資源，更可以促進國際文化，推動官方大力提倡國民交流。

甚至，我們的社會裏，因爲没有提倡宗教教育，不是見到神壇神棍提倡迷信，騙財騙色，敗壞世道人心，要不就是邪教利用佛教來僞裝吸收徒衆。正本清源的方法就是以浄去汙，以正去邪，以善除惡。只要成立一個宗旨明確、組織健全的「中國佛教青年會」，就不必勞煩官方動員任何人力物力了。因爲光明所照之處，黑暗自然消退。

然而，就在辦青年會的計畫喊出去以後，最緊張的，不是基督教，不是天主教，是「中國佛教會」。彷彿世界末日來臨，「中國佛教會」就要被打倒了一樣，他們奔走呼號，到處想辦法阻止佛教青年會的成立。現在想起來，真爲佛教傷心。天主教，有他們天主教的青年會；基督教，有他們基督教的青年團，爲什麼佛教不能有青年會？甚至，基督教還有「青年之家」；天主教有「青年教會」，爲什麼我們不能成立「中國佛教青年會」？

我向國民黨提出抗議，爲什麼只能有獨家生意？連過去只有一家計程車行的情況，現在都開放能有二家、三家的加入，因爲有競爭纔有進步。又好比有了鐵路，再做一條高速公路，交通不是更順暢嗎？爲什麼「中國佛教會」一定不准我們組織佛教青年會呢？

後來，「社工會」主任蕭天讚先生專程到佛光山拜托我，要我取消申請，不要辦青年會，並且保證我當選下一届「中國佛教會」理事長。

這對我的傷害太大，我並不是爲了想要做理事長，我只想單純地做佛教青年的運動。但由於蕭天讚先生出自國民黨的「社工會」，我想，他的來頭背景太强，我們不敢攖其鋒，只有放棄退出了。這又是我青年運動另

一次失敗的紀錄。

大學講演與佛教青年團的成立

雖然在推動佛教青年運動上，屢戰屢敗，但我不氣餒，只要我能盡一己之力爲青年努力，我都赴湯蹈火，在所不辭。因爲，我知道佛教唯有年輕化，注入更多的新血，纔能爲佛教的弘法帶來新氣象、新未來，佛教實在太需要青年了。

因此，在青年活動發展了以後，我就儘量地往各個大學去講演結緣。全臺灣的大學，如：臺大、師大、成大、中興、高雄師大、「中山」、輔仁、東海、文化等大學，我或者擔任過他們的教授，或者做過多次主題講演。

後來，我也陸續到海外的大學，如：耶魯、史丹福、哈佛、加州柏克萊、康乃爾、夏威夷等大學，都做過講演；香港的理工大學、中文大學講過不只一次以上，甚至香港大學有一段時間，每年還都邀我去講演一次；其他像澳門大學、北京大學、清華大學、南京大學、復旦大學、上海交通大學、廈門大學、中山大學等，也相繼邀約我跟他們的學生講話，我也樂於前往與青年們結緣。

因爲青年的熱情，讓我停不下脚步，特別是在臺灣的「中國佛教青年會」沒有辦法成立的時候，我就把眼光放到國際。一九九一年，國際佛光會世界總會成立後，青年們更是像潮水一般地向佛陀的懷抱湧來，我就發起組織青年團。

最先，我通知慈莊和依照在法國巴黎成立青年會；在美國，我通知慧傳法師擔任青年團的團長，一時歐、美兩地的青年，紛紛組織各個分團。終於，在一九九四年，「國際佛光會世界青年總團部」正式成立，由慧傳法師擔任總團長。

慧傳法師出生於宜蘭，他的父親是湖北武昌人，隨軍來到臺灣，後來做了宜蘭士紳李泱和居士的女婿，娶慈莊法師的姐姐爲妻，生了多位兒女，像慧龍、慧傳都在佛光山出家。慧傳具有爲法爲教的熱情，農業大學畢業後，曾擔任普門高中的副校長、校長，北海道場住持；之後，又到美國洛杉磯擔任西來寺的住持，同時擔負推動青年團的發展。

爲了推動佛教青年運動，我提供慧傳一些組織佛光青年團的辦法，例如：

一、舉辦專題課程，向每一所大學進行問卷調查。

二、每年在各地分頭與老師會談。

三、提供社團經費補助。

四、設立小型圖書館。

五、提拔青年作領導幹部。

六、學校發展，由該地大學學生組織佛光青年團等等。

慧傳没有讓我失望，在短短幾年內，世界各地的佛光青年團組織因應而生，每年在海內外舉辦國際佛光青年會議、國際佛光青年幹部會議、佛教青年生活營等等活動，凝聚青年們爲法爲教的向心力。

甚至，爲了讓佛光青年與世界接軌，曾經我們的青年團在日內瓦聯合國開過世界佛教青年會議，紐約的佛光青年做的一首《和諧》（Harmonize），還獲得聯合國活動指定歌曲之一，爲佛教寫下歷史的一頁。

後來，由於青年們聚會需要相當的地方，爲了節省經費，大部分回到佛光山本山，或在日本的本棲寺、澳洲的南天寺等分院道場，舉行一年一度的國際青年會議。但青年們也因此對道場更加熱心，所以現在的青年團，幾乎都是各個道場的義工。説來，臺灣義工的由來、發起，這許多青年們不能説没有功勞。

在青年團的活動當中，最感人的應該就是馬來西亞的青年團了。他們一首《佛教靠我》，唱徧了世界各地；也曾經有千人包機來臺灣，到佛光山做「尋根之旅」。他們鼓勵年輕人出家入道，可以說，現在佛光山全世界的寺院道場，弘法事業當中，不少都是來自馬來西亞的佛教青年擔負責任。

例如：現任新馬佛光山總住持覺誠，澳洲南天寺的滿可，紐西蘭佛光山的滿信，瑞典佛光山的覺彥，倫敦佛光山的覺如，印度的慧顯，西來寺監寺如揚，「中華總會」副秘書長如彬，佛光大學佛教學系老師妙迦，佛光緣美術館臺北分館館長有法等等，各個都是青年入道，而今弘化各方。

因爲馬來西亞青年性格堅毅，教性特別强烈，爲了佛教，吃苦耐勞，睡在地上，他都心甘情願。也由於在多元文化的社會成長，他們會英文，會普通話，會廣東話，會潮州話，這些特長，爲佛光山的國際化、佛教的世界化，增添了許多力量。

像二〇〇一年八月，有來自全世界五千名青年代表，在馬來西亞綠野仙蹤會議中心舉行五天的青年大會。承蒙該中心的創辦人兼董事丹斯里李金友傾全力支持我們的行政開支，在慧顯和馬來西亞青年團宋耀瑞團長的帶領下，會議順利地展開了。

當時，光是參與會議的青年義工，就超過千人以上。我特別以「携手同圓」爲主題，勉勵青年以「菩薩心、青年力」，思考生命的尊重，關懷慈善救濟，省思社會責任，最後開發自我內在覺醒的道路。

尤其，二〇一二年十一月二十四日，我再度在莎亞南體育場主持弘法大會，與會者有八萬人之多。特別是馬來西亞青年團兩千多人的大合唱，從《弘法者之歌》，唱到《佛教青年的歌聲》，到《佛教靠我》，讓現場八萬人聽了熱淚盈眶，感動不已。

說來，臺灣實在不必有「恐青症」，過於害怕青年會的成立。像馬來西亞的佛教，現任首相署部長許子根，早期就來過佛光山；後來又有邱寶光、梁國興、梁嘉棟（後出家，法名惟悟法師）、黎順禧、陳增金、許來成等八位青年，特別到佛光山皈依三寶，受持五戒，後來他們回到馬來西亞，成立了「馬佛青」，至今，對馬來西亞佛教做出許多貢獻，舉辦活動、出版雜誌等等，爲大馬的佛教打下很好的基礎。

像在臺灣，我們的青年，他們不吃煙不喝酒，不從事世俗不正當的活動，並且發心皈依三寶、受持五戒。而爲了長養青年朋友服務奉獻的情操，開拓他們的國際視野，青年團甚至鼓勵青年參與「公益旅行」，足跡徧及大陸以及印度、馬來西亞、菲律賓等地，爲當地的大、小朋友、老幼婦孺從事衛教、教學、義診等服務。

後來加入青年團服務的妙凡，在臺大、臺灣「清大」、成大等各大專院校成立「香海社團」，帶著佛光青年走上街頭宣導「五戒青年『心』生活運動」，每年有上萬名青年學子響應「不殺生、不偷盜、不邪淫、不妄語、不酗酒」，奉行四給、五和、六度、七誡，實踐八正道等等。至今培養的青年幹部，妙慧、善財講師也超過百人以上，並且經常到學校演講，宣導「三好運動」。

我們佛教青年團的團員，可以說，他們並不是抱著遊樂的心情來參加，更不是像參加旅行團一樣看看熱鬧，而是死心蹋地地跟隨佛陀的步伐向前邁進。也由於臺灣人的善根，這許多來自各個大學的優秀青年，很自然地與佛結緣，甚至出家入道，擔負起弘法利生的工作了。

像現任臺北道場住持的覺元，三好體育協會執行秘書慧知，佛光山資訊中心主任妙曜，負起網路弘法的責任；現任巴西如來寺副住持的覺軒，承擔南美洲弘化的工作；書記室的有圓，參與「一筆字」的弘法。還有青年古箏君，她毅然放下職場事業，全心投入弘法服務，出家後法名如元；又如臺灣「輔仁大學」的慧屏，感於佛光山的園藝景觀之多，發心出家參與園林設計；甚至高雄餐旅學校的有思，也加入佛光山素菜料理的管理等等。

而從海外回來投身佛教的青年就更多了。像阿根廷大學畢業的工程師覺培法師，現在擔任「中華總會」秘

書長；澳洲大學畢業的妙光，爲我翻譯英語多年；在美國鳳凰城取得碩士學位的覺禹，現在是嘉義圓福寺的住持，也是新任的宗委；從加拿大留學回來的有賢，參與「佛陀紀念館」的建設；汶萊青年妙淨，擔任菲律賓佛光山的總住持，帶領菲律賓青年以戲劇、音樂參與佛教弘法。又如，印尼籍的如音，現任馬來西亞東禪佛教學院教務主任，熱心接引青年學佛，在二〇一二年十一月我到大馬出席八萬人的弘法大會上，集合了兩千多位佛光青年義工表演；而留學澳洲墨爾本的妙弘，則受邀擔任美國白宮歐巴馬總統的宗教顧問團員之一。

其他像：妙心、妙舟、有一、如愷、知賢、慧炬、知明等等，都是分別從美國、日本、澳洲、英國、紐西蘭等地回到佛光山，加入弘法利生行列的青年僧。他們一個一個像接棒一樣，傳遞佛教的聖火，燃起佛教的希望與未來。可以說，世界佛教青年的運動如今已看到了開花結果。

所以，現在佛光山辦什麼國際活動，需要什麼語言、要用什麼專才，大概就由這許多青年產生。也可以說，整個佛光山就是青年出家的僧團。因此說，有青年就有佛教。

像從二〇一一年起，由慈惠法師帶領佛光山國際組妙光、妙哲、有德、有方、妙凡、妙迦、慧峰、慧宜等僧青年和佛光青年，連續舉辦了「國際青年生命禪學營」。每一年都有來自歐、美、亞、非、澳五大洲，全球四十餘國家和地區、四百所知名大學一千二百名的大學、碩、博士生學員參加。如：臺灣大學、政治大學、臺灣「清華大學」等，以及其他海內外名校，如：英國劍橋大學、美國史丹福大學、加州大學、耶魯大學、哈佛大學、歐洲奧地利維也納大學、荷蘭阿姆斯特丹大學、瑞典斯德哥爾摩大學、德國漢堡大學、德國慕尼克大學、比利時安特衛普大學、日本早稻田大學、九州大學、澳洲雪梨大學、韓國首爾大學、香港大學、澳門大學、北京大學、南京大學、上海交通大學等等。

藉由這個活動，提倡「地球一家 同體共生」的觀念，也融合「做好事、說好話、存好心」三好運動，讓全球優秀青年有一個國際交流平臺，同時提升了青年們的環保意識、生命價值觀，愛惜地球、注重品德，透過人間生活禪，開發內在潛能，建立和諧的人我關係。

令人欣慰的是，所有活動的行政連繫、師資邀請、翻譯、交通、參訪等，都由這許多僧青年全責承擔。參加的學員紛紛回函表示，參加這個活動，改變了他們的世界觀，擴大了視野，重新認識佛教，生命獲得了安頓。聽到青年學子們這樣的回響，我也感到非常歡喜。

數十年來，我推動佛教青年的運動，因爲自己的力量有限，上述的一點事跡，總算向佛教的歷史多少有了一些交代。記得過去我曾帶領佛教青年唱一首《佛教青年的歌聲》，充滿了力量與希望。每次一聽到大家唱這首歌，心裏就非常感動。現在，我也把這首歌獻給大家、獻給所有的青年朋友：

聽啊！
真理在呼喚，
光明在照耀，
這是佛教青年的興教歌聲，
響徹雲霄！
青年爲教的熱忱，
掀起了復興佛教的巨浪狂潮，
成功的一日，
就要來到。

各位親愛的父母們，你們有青年子女嗎？各位青年們，你們對佛教的真理有向往嗎？盍興乎來！

建立「人間佛教」的生活側記

佛教發源於印度，光大於中國。佛教的祖師大德們，有的倡導淨土，有的宣揚禪宗，有的訂立僧團的組織，如馬祖創叢林，百丈立清規，不只引導信衆修行的方向，也確立佛教的制度。而對於佛教的因緣果報觀念，「阿彌陀佛」、「四大皆空」，大家耳熟能詳，就是不懂其義，也會隨口道來，逐漸融入百姓的生活。感謝歷代的祖師大德，用種種的方法讓佛教普及，所謂的「佛光普照三千界，法水長流五大洲」，並不是一個人單槍匹馬可以完成，而是匯聚了幾千年的時間、百萬人的發心，纔能有現在的成果。

我認爲佛教除了佛陀開示的教理，探討宇宙人生的真理以外，它對於人生的生活指導，尤其人世間的禮儀規範，佛教應該都要建立完整的系統。在西方，無論做國王、當總統，都需要宗教替他加冕；而且社會的風氣，星期天就是要到教堂去做禮拜，你不上教堂做禮拜，社會就不能認定你是個好人，可以說生活中的大小事都無法離開宗教信仰，他們自有宗教禮儀來規範人生。

我們中國，無論儒、釋、道都不要緊，但是道必有道，你必須要有人生的禮儀軌範教導信徒，讓他遵循宗教的目標道路去發展自己的人生。比方說伊斯蘭教徒，他想吃雞、吃鴨，他不能隨便宰殺，必須經過他的宗教師誦經，纔可以處理烹食，這就是他們宗教的禮儀。

在臺灣五十年前，我替不少人主持過佛化婚禮，引起社會許多人的紛議，這都是少見多怪的問題，因爲宗教就是要主持人間的儀禮，這也是宗教師的使命。所以我就想到佛教也應該有喬遷之禮、灑淨典禮、開光典禮、喪葬儀式等，除了特殊的宗教禮儀外，佛教的禮儀應該要融入信徒的生活。如何融入？我將自己的理念、想法和我數十年來的因緣，在此一敘。

滿月命名

生兒育女是每個家庭的事情，佛教徒所組成的佛化家庭，應該舉辦兒童滿月的命名典禮，而我們宗教師的重要任務，就是爲小孩命名。只要一個兒童有了佛教爲他取的名字，他會覺得跟佛教有因緣，是佛祖的小孩。

因此，過去我就非常用心爲兒童命名，我認爲兒童取名字一定要有吉祥的意涵，不能像從前爲讓孩子平安長大，而隨意取「阿貓、阿狗」之類的乳名，要幫他取一個優雅的名字。命名也不能太抽象，讓人聽不懂這名字什麼意義，還要解釋半天，纔能使別人瞭解；更不能有諧音，讓人貽笑大方，舉個例子，爲孩子取名范統（飯桶）、陶仁彥（討人厭），看起來字意優美，念起來卻有不雅的意思。

此外，名字也可以具有象徵意義。我曾爲一個小女孩命名，當時適逢臺灣第一屆「中國小姐」選拔，獲得后冠的「中國小姐」名爲林靜宜，我便替這個小女孩取名蔡靜宜。也曾有佛光山的信衆，在二○○○年時，喜獲麟兒，二○○○年是大家熟悉的千禧年，也代表從廿世紀跨越到廿一世紀，具有跨時代的象徵，因此，我爲孩子命名爲「世紀」，以此爲代表。

名字的筆畫不能太多，像是春秋時代的范蠡、清朝年羹堯、書畫家鄭燮（鄭板橋）等，筆畫繁瑣，小孩子上學，他可能會因爲名字難寫，而感到不歡喜。簡單易寫的名字，筆畫很少又好記，例如：孫中山先生、蔣中正先生等。而我俗家姪子李春富，在美國生了一個兒子，要求我替他取名字，我就替他取名「李木子」，木的筆畫少，子也是男子的尊稱，既好寫也容易懂。

過去曾有信徒喜獲三胞胎，要我命名，因爲三個都是女兒，我就爲她們命名爲妙一、妙二、妙三，好記又有順序，不容易搞錯。另外，俗家的外甥女徐梅林生了個女孩兒，在過年時節打電話向我拜年，要求我爲小孩命名，中國人過年總是討個吉利，希望全家人吉祥如意，因此，我便替小孩取名「如意」，家族親人也感到歡

喜。所以，有意義、吉祥、易記、易寫、易懂的，就是好名字。

我爲了達到這個理想，曾經想了一百一十個名字，在這裏提供參考：

法滿、法賢、浄慧、浄光、浄德、浄因、浄美、善月、善明、善德、善容、善智、善慧、德淳、德明、德貞、德裕、德光、德碩、德仁、德勝、德超、德均、德隆、智澄、智圓、智朗、智山、智月、智弘、智光、智深、智宏、智誠、智泉、智林、智航、智立、智華、智滿、智穎、智廣、普明、普信、普月、普容、普安、普智、達性、達觀、法真、法和、香華、思誠、思平、思淳、思聖、思紹、思敏、思賢、思仁、思德、思謙、思道、圓智、圓照、圓應、圓德、圓明、弘忠、弘善、弘宗、修圓、正勤、志和、志徹、志忠、志一、志誠、志全、志朗、志道、志清、志弘、巨集智、巨集開、巨集浄、巨集真、巨集意、慈蓮、慈鬘、慈音、慈如、明心、明慧、明真、明華、迦陵、静儀、寶蓮、寶華、寶雲、寶瑜、嘉華、嘉文、静慧、光明、雲音、龍德、香蓮。

一九九二年的時候，宜蘭信徒蔡固義、林素英夫婦，升格當了祖父母，要我爲其孫子取名字。回想四十年前，蔡固義還是個小學生，長大後結婚生子，他的五個兒女：光宇、光華、光堯、静宜、静慈，一個個都是我命名的。其子蔡光宇後來生了一位千金，蔡固義夫婦仍不忘上山要我替孫女取個名字，我將女娃命名爲蔡靄倫。我想，一家兩代都由一個人替他們取名字，只有出家人纔能做到。

入學典禮

兒童滿月禮完了以後，接下來就是入學典禮。我雖然出生於貧窮的家庭，但是還記得，有機會第一次去私塾裏面念書時，父母非常的隆重，讓我换上新衣、戴著新帽，在家裏依序禮拜佛祖、觀音菩薩、至聖先師孔子，有個象徵性的儀式，再由母親送往私塾的書房入學。

在兒童的記憶裏，這是一個非常重要的階段。他們覺得我入學讀書，學習明理做人，在心理上就有成長的認知。因此對於兒童的入學典禮，建議父母應該重視關心，讓兒童瞭解入學所代表的重要性。

成年禮

兒童成長入學，慢慢的，逐漸成年。因此，我在主持國際佛光會的階段中，以年滿十八歲的青年男女爲對象，不斷地舉辦成年禮，希望藉由莊嚴隆重的祝禱儀式，讓青年懂得肩負起對自己、家庭、社會的責任。

成年禮是一種生命的禮儀，表示青年轉變爲成人時，得到社會認定的一種儀式。成年的定義，並不是年齡的累積，而是表示自己能負責、肯擔當、知奉獻、除惡習、去放逸，並隨時懂得將歡喜散佈給人，纔是一種真正的成年。

因此，在成年禮中，我也叮嚀祝福青年朋友：我們過去都是兩代父母、親人給予很多的緣分讓我成長，現在我成年了，應該回饋家人和社會更多的因緣，讓我的家庭和諧，社會進步。

而青年也應該對自己的未來要有期許，怎樣的期許？今列舉四點：

一、自我肯定。

二、承擔責任。

三、心智成長。

四、感恩回饋。

青年成長後，可以學習做自己的主人，肯定自我生命價值，開發無限的潛能。既然成年了，就該培養承擔責任的勇氣，纔能真正成長，更有力量。而成年禮就是要昭告大家，告訴自己，我已經成長了，不是過去的懵

懂幼兒，心智逐漸長大，懂得承擔負責。

人生在世，依靠著衆多因緣的成就，纔有如今成長的我們。往昔歲月中，可以説是不斷地接受他人的給予，今日長成，更應懂得感恩回饋家人，幫助朋友，造福社會，懂得感恩的人纔有幸福的人生。

佛化婚禮

成年禮後，到了適婚年齡的青年，有的開始計畫籌備結婚。男女兩人如何認識？如何戀愛？這個可以不用探究，但是男女青年準備結婚、組織家庭則不可以隨便，這樣的人生大事，應該莊嚴隆重。因此，規畫佛化婚禮，無論是對人的一生禮儀或是信仰的傳承，就顯得十分重要了。

在大陸，太虛大師推動過佛化婚禮，上海陳海量居士也編了一本《建設佛化家庭》的書籍，裏面倡導佛化婚禮的儀禮，我覺得很有意義。佛陀創立的教團，有出家的僧衆、在家的信衆。在家信衆有家庭、有夫妻關係，在家的弟子，男婚女嫁，佛所許可，而讓他們有情人終成眷屬，婚姻必須要經過公認的儀式纔算合法。

大概一九五〇年代起，我在臺灣爲很多的青年男女主持過佛化婚禮，如著名水墨畫畫家李奇茂教授和張光正小姐的婚禮。一九六〇年，兩人的佛化婚禮在宜蘭雷音寺（今蘭陽別院）舉行，是臺灣首次的佛化婚禮；另外，「新聞局長」龔弘的公子龔天傑和菲律賓華僑吴小姐的佛化婚禮，郎才女貌，同樣喧騰一時。

一九八一年，「立法院」唯一單身「立委」李天仁先生，於桃園縣林口竹林山寺（今新北市林口竹林山觀音寺）舉行佛化婚禮，我與「立法院長」倪文亞先生共同爲他主持，蔚爲一時佳話，「法務部長」李元簇先生還譽此爲「模範婚禮」。

此外，一九九二年，爲了倡導婚嫁節約，革新社會風氣，我與高雄縣縣長余陳月瑛女士一同主持五十一對新人的佛化婚禮，在佛陀的見證及衆人的祝福下締結連理，這也是首見的集體佛化婚禮，意義非凡。

甚至於後來，有「趙茶房」之稱的趙寧博士和香港劉茵茵小姐，在一九九三年於圓山大飯店結婚，冠蓋雲集，大家都稱讚佛化婚禮莊嚴隆重。因爲結婚是神聖的事情，男女雙方既然成爲菩提眷屬，就應該擔負起成家立業的責任。在婚禮中，我告訴趙寧，應該做到六條丈夫之道：

一、做一個英雄護美的丈夫。

二、做一個君子誠信的丈夫。

三、做一個男子盡責的丈夫。

四、做一個勞工服務的丈夫。

五、做一個居士有德的丈夫。

六、做一個禪者幽默的丈夫。

而身爲太太的，也有六條爲妻之道：

一、做一個勤於家務的妻子。

二、做一個善於教化的妻子。

三、做一個習於慈愛的妻子。

四、做一個肯於讚美的妻子。

五、做一個長於職業的妻子。

六、做一個熱心公益的妻子。

而長年護持佛光山的功德主吴修齊居士，他的公子吴建德與「華視」主播孫自强小姐，於一九九三年共結

連理，邀請我證婚。在兩位新人步上紅毯的時候，我告訴吳建德先生，希望他能夠做一位：

一、勇敢護妻的丈夫。

二、負責家計的主人。

三、誠信服務的君子。

四、工作熱忱的勇士。

五、歡喜樂觀的家人。

六、幽默風趣的伴侶。

同時，我也期盼即將爲人妻的孫自强小姐能夠做一位：

一、勤於家務的賢妻。

二、長於讚美的友人。

三、敦親睦鄰的鄰居。

四、慈悲應世的信徒。

五、愛語笑聲的家人。

六、熱心公益的善人。

每次在佛化婚禮的時候，我都鼓勵新婚夫妻應該要做到幾件事，例如：對新郎講：「身邊少帶錢，晚飯要回家，應酬成雙對，幽默加慰言。」如此必定能做一個好男人；也告訴新娘：「家庭是樂園，飲食有妙味，勤儉爲五婦，讚美無秘密。」這樣必能成爲一位持家有方的好太太。

二〇一〇年，名聞上海的「海派清口」周立波先生舉行結婚典禮，找我證婚，我欣然同意。聽説參加婚禮的人，禮金每人至少十萬元，一共集合了千人的禮金捐做公益事業，要創造社會盛事，雖然在網路上議論紛紜，但是我爲了弘法利生，對那許多言論也無心加以追究。

對新婚的新郎新娘，我總鼓勵他們婚姻要能白頭偕老，要互相信任、互相幫助、互相包容、互相體諒。因爲過去是單身，婚姻是兩個人的組合，成爲家庭是社會的基礎，所以愛情一定要建立在互信互諒上面，婚姻纔能長久。

在佛教經典裏面，有一部《善生經》，强調家庭倫理的關係，教人如何做一位在家居士；另有一部《玉耶經》，講究妻子之道，所謂女人有五種受人敬愛的妻子德行：「母婦、臣婦、妹婦、婢婦、夫婦。」要能敬愛丈夫，夫婦間相敬如賓，孝養父母翁姑，和睦親族，勤治家事，不談他人是非，不道人之長短。依此而行，必能成爲受衆人稱讚的賢妻。

總之，婚姻是一份承諾，一份責任，夫妻二人應該互相尊重，互相提攜。

所以，我曾經做過一首《佛化婚禮祝歌》，以此勉勵新婚夫妻：

今日何日兮？美景良辰；

今日何日兮？吉慶佳期。

有情人成眷屬，佛化的婚姻幸福無比。

他像須達美公子，仁德持家把業立；

她像玉耶賢少女，孝親愛夫闔家喜。

是前生的因緣，是修來的福氣。

我們爲他倆祝禱，永遠承受佛光的護庇，百年偕老福壽齊！

今日何日兮？美景良辰；
今日何日兮？吉慶佳期。
有情人成眷屬，佛化的婚姻幸福無比。
望他常念善生經，爲國爲民謀福利；
望她日誦玉耶經，夫唱婦隨永不離。
四時月圓普照，三春花卉常麗。
我們爲他倆祝禱，
永遠承受佛光的護庇，百年偕老福壽齊！

祝壽禮

青年結婚以後，逐漸進入而立之年，不惑之期，甚至於過了知命之年，邁入耳順之屆，六十歲，大概可以舉行祝壽禮了。對於祝壽，生日同時是母難日，現今的人，自己過壽卻忘記浩蕩的母恩，實爲不當。我建議，如果舉行祝壽禮，應該掛起母親的肖像，講述母親的德誼，表彰慈母恩德，會更有意義。

假如說，沒有到六十歲、七十歲，平常的小生日，可以自己到佛前去爲父母祝福祈願，表達心意，這應該是最好的紀念。像現在，全世界各地的信徒，如果每個月舉行一次報恩會，聚集大家説明這個月的壽星都過母難日，來爲母親祝福，也是一種過生日的方式。

從出生滿月命名以後，一直到過壽，人生七十古來稀也好，人生七十剛開始也好，人的生死本無常，不在活得天長地久，而在活得有意義。佛光山最早的功德主，臺南統一企業的吳修齊先生，八十歲在佛光山做壽的時候，他告訴我，希望九十歲能再來佛光山做壽，我曾爲他做了一首打油詩《壽吳修齊先生八十華誕》，説明人生的壽命跟意義。

太虛大師在抗日戰爭期間，奉國民黨的指示，到印度去宣揚中國抗戰的意義，在印度適逢他五十歲的生日，印度國際大學中國學院的院長譚雲山先生爲他舉行祝壽典禮，太虛大師寫了一首生日感言，我非常欣賞，現在把他的詩摘錄如下：

我生不辰罹百憂，哀憤所激多愆尤，
捨家已久親族絶，所難忘者恩未酬。
每逢母難思我母，我母之母德罕儔！
出家入僧緣更廣，師友徒屬麻竹稠。
經歷教難圖救濟，欲整僧制途何修？
況今國土遭殘破，戮辱民胞血淚流！
舉世魔焰互煎迫，紛紛災禍增煩愁。
曾宣佛法走全國，亦曾行化環地球。
國難世難紛交錯，率諸佛子佛國遊。
佛子心力俱勇鋭，能輕富貴如雲浮。
恂恂儒雅譚居士，中印文化融合謀。
遇我生日祝我壽，我壽如海騰一漚。
願令一漚攖衆苦，宗親國族咸遂求，

世人亦皆止爭殺，慈眼相向兇器丟，
漚滅海淨普安樂，佛光常照寰宇周！

我非常尊敬太虛大師，我的願力雖不敢比擬太虛大師，但也向他學習，繼他而行，把這首詩摘錄在這裏，同樣表達了我的生日感言及對太虛大師的崇敬之意。

菩提眷屬祝福禮

現在有一些年長的夫妻，爲了增進感情，我也提倡他們參加增益的祝福禮——菩提眷屬祝福禮。他們這一代的夫妻，因爲當時的結婚儀式比較簡單，沒有結婚禮服、新婚禮物，步入中年以後，大家彼此都有相當的經濟條件，這時候再做一次增益的婚禮祝福，兒女共同參加，促進情誼，在推動「人間佛教」的發展中，我覺得也深具意義。

我主持過幾次團體菩提眷屬祝福禮，從佛光山本山、印尼、新加坡、澳洲南天寺、美國西來寺等都有過。像是二〇〇一年，在馬來西亞綠野仙蹤展覽中心，共有近四百對菩提眷屬參加，引起社會媒體的關注，而此活動也被納入《馬來西亞紀錄大全》中。

另外，二〇〇二年，由於佛指舍利來臺的因緣，特地於佛光山舉行菩提眷屬祝福禮，共有五百對菩提眷屬、觀禮家屬兩千多人與會，其中，時任「立委」的吳敦義先生與夫人蔡令怡，更是帶著兒子、媳婦一同參加。

二〇一〇年，我應河北保定佛教協會會長真廣法師、觀音寺住持真源法師之邀，爲四十三對菩提眷屬主禮，典禮簡單，莊嚴隆重，是大陸首次的菩提眷屬祝福禮。

而於辛亥革命百年，我在香港紅磡體育館主持菩提眷屬祝福禮，共有一百三十八對夫妻參加。我鼓勵夫妻之間應該常常讚美對方，對另一半說「我愛你」，並且每天爲對方做一件好事，感情會更升華，家庭會更和樂。當日，除親屬子女外，也有近四千人觀禮。

佛光山「佛陀紀念館」落成系列活動當中，二〇一一年的最後一天，十二月三十一日，我依約抱病出席「菩提眷屬祝福禮暨百年好合佛化婚禮」，爲兩百對新人及八百對菩提眷屬主持儀式。我認爲，夫妻結婚後，就不要用眼睛來看，要用心、用愛來看。雖然世界不斷地變化，但是既然相愛而結婚，那「愛」的心不可以變化！而將佛法融入生活中成爲菩提眷屬，更可以提升婚姻的品味。

喪葬禮儀

過去的人，總把佛教與喪葬禮儀畫上等號，但佛教禮儀更廣泛地包含人生的生老病死，佛教對於喪葬禮儀的看法，首先應該强調建立正知正見，死亡並不是生命的結束，而是另一個新生命的開始。

對於喪葬禮儀，臨終關懷也是其一。臨終關懷是對生命的尊重，並不是消極的等待死亡，透過對死亡的認識，讓人從死的恐懼中解脱，坦然面對這期生命即將行至尾聲，引導人們沒有遺憾地離開世間；不只有往生的尊嚴，更有即將「移民」的期待。

對於臨終的助念，佛光山的別分院道場也成立助念團，常常舉辦助念講習會。助念是爲了幫助往生者放下萬緣，了無牽掛，安心往生。而我認爲喪葬典禮也不一定只有誦經，佛光會可以組織六到八人或團體，前往靈前祭弔，爲往生者唱佛教歌曲、誦祈願文，這也是緬懷往生者的一種方式。

我在佛光山萬壽園設置了六間安寧病房，不同於現代人居住於高樓大廈間，對於病者安養、親友探病，進出往來不便，同時安排眷屬居住在患者隔壁，家人可以隨時照顧，讓臨終的人能在生命盡頭安寧往生，安然捨

世。我認爲，這也是一種喪葬禮儀的進步。

我在這裏節録幾個名人對儀禮的創意，供給有緣人參考：

一、程建人先生做「外交部次長」的時候，他的高堂程母經太夫人逝世，他邀我在靈前做一場講演——「人生的意義」，做爲送終告別的紀念。

二、吳伯雄先生的尊翁吳鴻麟老先生過世的時候，一般的人對於前往弔祭者都贈送一點紀念品，而吳伯雄先生則贈送每個人一個月的《人間福報》。

三、我有一位信徒李德明先生，記得有一次他家人去世，他没有找出家衆誦經拜懺，他只邀約一些朋友唱誦佛歌讚偈，視爲舉行隆重的喪葬儀禮。

四、邱創煥先生在一九七八年做「内政部長」的時候，他的尊翁過世，如果他要鋪張祭拜，那時蔣經國先生一定非常不以爲然，因爲「内政部長」要素行良好，以身作則，過於鋪張浪費，恐會落人口實；如果太過簡單，親友又不能諒解，會認爲你已經做到「内政部長」，對父親逝世卻簡單安排，會被認爲不孝。邱創煥先生非常有智慧，邀約我率領一百名出家衆誦經。在數十年前，集合百名出家人極爲不易，因此大家讚嘆不已，認爲他能做到這種地步，算是祖上的榮耀。

此外，有一些現代的開明人士家族，在喜喪婚慶時都買一些好書分贈友人，我的《佛光菜根譚》、《佛光祈願文》、《佛教的生活觀》、《佛教的生命觀》、《佛教的生死觀》，就常常做爲禮品送人，没有過往喪葬禮儀的鋪張浪費，以好書分贈親友，這也不失爲一種改良式的喪葬祭奠。

日常送禮

人生的禮儀以外，我想對於送禮，也是人生重要的事情，例如：朋友的婚喪喜慶、新居落成、開光典禮、喬遷之喜、金榜題名、升官祝賀、升遷出國等，送禮給對方則代表一份祝福的心意。

送禮不是比賽，送禮要送得得體。對於送禮，我舉一些不當的例子：有些糖尿病的病人住院，你想要送他一盒巧克力糖，不送會比較好，送了反而會讓病患心生不快，因爲顯然你不瞭解他的病情；有的人年登高壽，你送他一套兒童玩具，這也是不當，因爲你没有顧及到他的年齡愛好；有的人升官，你送他一個時鐘，他會忌諱你替他送終。因此，對於有些人迷信顧忌，送禮的人不能觸犯他的禁忌，會讓人不悦。

過去有人住院就送鮮花，現在醫院也宣導不可以送鮮花，因爲有些病人會對鮮花過敏。而中國過年送紅包，現在連「總統府」到了過年的時候，都要製作一元福袋分送民間，相信必定所費不貲，但是對民間卻不一定有特殊的意義。

送禮也不能送得過於氾濫。像中秋節送月餅，就有一個「月餅旅行記」，一盒月餅送來送去，在外面繞了十多個人後，又送回來給自己，甚至於都長「眉毛」了，這就是送禮送得過多，不當的送禮。

尤其現代，利用權力，假借名目送禮，如在餅乾盒裏放入鈔票，如此陷人不義，讓人收受或退還都很爲難。現在的社會，已不像清末民初時代，一個里長、村長，一年到頭都散發請柬，太太過壽、兒女抓周、家裏增建房屋、自己爲官紀念，一年不下八次、十次的請柬，擺明就是打秋風、敲竹槓，幸好，現今已經没有這種不好的習慣。

我們的社會，現在進入已開發階段，應該對於送禮，要有一些節制和升華，如家庭生兒育女，贈上一張賀卡；或者朋友重要的生日紀念、家族的慶典，接受小詩、歌詠，禮輕卻情義重。因此，送禮最好的是一種祝

福，一句安慰的話、鼓勵的語言，像現在的一封信，幾句祝賀詞，所費不多，對自己在社會上的各種交流往來，表達敬意，都能達到效果。

我過去在西方國家旅行，他們民間和政府官員可以來往，但是送禮如果高達一百美元就是違法，所以在西方國家，寫點祝賀卡片，就非常的流行。

但是，像現在賀卡做得太過精巧，有時都要上百元纔能買上一張，一個朋友、兩個朋友倒也罷了，假如有幾十、上百個朋友，需要互通魚雁，祝福平安，不免造成經濟負擔；至於像一些金榜題名、升官高就，出國留學等等，與人宴會，破費不貲，不如一張百元禮券，也是表達厚意。

最後，我要一提的，就是我們所有佛光人，或者佛門弟子，要重視佛教的節慶禮儀，像是農曆四月初八佛誕節，同時也是佛教徒熟知的佛寶節，慶祝教主釋迦牟尼佛降臨人間，大家互寄佛誕的祝福卡，或者是送對方一塊佛誕餅，一來表達自己對佛陀的敬意，二來表達對朋友的關懷。而每到佛陀成道日，農曆十二月初八法寶節，佛門都是煮臘八粥分贈左鄰右舍、社區朋友，供養大衆，讓大家共享佛陀成道的喜悅。

另外，從目連救母所延伸的供僧盂蘭盆會，是農曆七月十五僧寶節，企業團體或許捐獻少許的油香錢，做爲僧團的道糧，對於許多禪堂、佛堂、關房、佛學院等，都能聊表一種幫助，並增進往生親人的冥福。此三種佛教節日的慶祝儀禮，代表佛教徒對三寶的一種恭敬信奉。

人在世時，需要佛教，乃至於走到生命的盡頭，佛教的生活性、人間性徧佈於人的一生。我認爲，佛教如果對這許多人生禮儀加以推動，使之普及於社會，普徧各階層，對於淨化人心、增長道德必定有很大的貢獻。而身爲佛教徒，若能以佛教禮儀做爲一生重要行事的圭臬，便是「生活佛法化，佛法生活化」最好的詮釋了。

佛法新解——讓真理還原

德國哲學家尼采曾說過：「重新估定一切價值。」這一句話對我思想的開拓有很大影響。兩千六百年前佛陀於印度傳教時，資訊傳播的技術並不發達，文字紀錄的條件也沒有具備，佛法靠著弟子之間互相口耳相傳，時間隔了這麼久，再從印度傳到中國，空間又那麼遠，時空的轉換，這些文字、語言，不斷地翻譯再翻譯，有些內容失去原意，自是難免。

例如：佛教從印度初傳中國時的漢譯經典，跟後期翻譯家鳩摩羅什、玄奘大師等人翻譯的內容就有差距。所以，對於佛陀的教示，宣揚者應該要探出佛陀的原意，避免以辭害意或斷章取義，讓一些原本有心學佛的人士聽了之後，退避三舍，躑躅不前，因此有「重新估定價值」的必要。

佛教從佛陀涅槃後，歷經各類人等，甚至教派的對立，彼此之間互相計較、比較。光是戒律，在教團中，此說此有理，彼說彼有理，紛爭不已，難有定決。我想在二十一世紀的今天，佛法應該要適合時代來給予新的詮釋，所以要「重新估定一切價值」。

現今佛教的流傳，有漢傳、藏傳、北傳、南傳，巴厘語系、藏語系、漢語系，現在又多了英語系，其所翻譯的名相，意義有了不同的解釋，究竟什麼是對，都需要「重新估定價值」。

我自幼接受傳統的叢林教育，感恩老師的教授，他們對佛學義理的精神解釋讓我受益不少；但當我和人間社會接觸時，卻感覺到佛法的原意，應該是佛陀為了示教利喜，為了教化人間，一切以「人」為主而宣說的，因此要讓大眾聽得懂。所以我常講，佛教裏的很多問題，應該以人為中心，要「重新估定價值」。

對於佛法的解釋，我反復探索佛陀的本意、佛法的根本道理，我有一些新的解釋，不是創新佛教，也不是說標奇立異，只是想宣揚佛陀的本懷，讓人容易瞭解佛法。我不敢說大家一定認同，但是我知道，佛法只要依照三法印、四聖諦，依照佛陀降誕人間的本懷——示、教、利、喜，讓眾生獲得自在解脫為原則，就不違佛陀本意了。下面就試說我的意見：

四大皆空

四大皆空，我認為可以更正為「四大皆有」，因為《般若心經》說：「空即是色，色即是空」，既然「空即是有，有即是空」，那麼本諸佛陀的教示，四大皆空，自然也可以說為四大皆有了。

我們先說四大的意義。佛教認為宇宙萬有，任何一法的存在，都是由地、水、火、風，四大元素因緣和合而成。在虛空裏，有地、有水，有陽光、熱量，有風的流動（空氣）。世間上哪一樣物體能脫離這四種元素呢？

就像蓋一棟房子，需要有堅硬的木材（地大）、凝結磚瓦的水分（水大）、陽光的照射（火大）、空氣的流通（風大），纔能成為一間房子。一個人的存在也是一樣，需要有堅硬的骨頭（地大），唾涕膿血、大小便溺、流汗（水大），也要有溫度（火大），更要有呼吸（風大），假如有一大不調，人就無法活著。即便是一朵花，也需要有地、水、火、風。花要有土地來種植，這是地大；要有水分來滋養，此為水大；火大就是陽光照射，風大就是空氣，靠這四種因緣聚合，而成為花。

一切萬有的存在，皆需四大因緣和合。因為是四大元素和合，它本身就不是獨有的，佛教解釋此義，就用一個「空」字，說「四大皆空」。確實是不錯，每一件事物都不能獨自存在，都是藉假因緣而有。但是只用「空」來解釋，世間人對佛教就會產生誤會，認為佛教什麼都不要。甚至常有人開口閉口都說，你們出家人要「四大皆空」，以此來汙衊佛教，毀謗僧人。其實不是出家人纔四大皆空，宇宙萬有，一切萬物，它的本意就是

四大皆空，但是千百年來，多少人誤會、誤解。

所以，假如把「四大皆空」換爲「四大皆有」，並沒有違背佛意，又未嘗不可。四大和合不就是「有」嗎？你講到「有」，有即是空，空即是有，何必一定要把它説成空，讓人對空有成見、有誤解。不如從「有」慢慢地知道「空」義。

説到空，它本來就是建設在「有」的上面。茶杯不空，怎麼能裝水？房舍不空，怎麼能住人？荷包不空，財物放哪裏？腸胃不空，人怎麼能存在呢？所以「空」建設了「有」。「有」也只是假「名有」，它的本意，還是「真空」。

佛法有時候先説有，後説空；有時候先説空，後説有；有時候説空有不二；有時候説空有本一，本來一個。既然如此，我想要改變千百年來世人對佛法的誤解，不如把「四大皆空」解釋爲「四大皆有」，不是更能符合佛法度衆的新意嗎？

六度（六度是度人，也是自度）

大乘佛教中，菩薩欲成佛道所實踐之六種法門，稱爲「六度波羅蜜多」，簡稱「六度」。此六個法門可以度人，是自度度他，自利利人。也可以説，度人就是度己，度己也就是度人。

所謂六度，即佈施、持戒、忍辱、精進、禪定、般若。六度不光是叫人要佈施，叫人要持戒，主要是鼓勵我們自己要佈施、持戒。

南傳佛教認爲佈施是在家信徒的責任，僧衆比丘不可以佈施給信徒。但當初佛陀在因地修行時，就曾割肉餵鷹，捨身飼虎，爲什麼現在僧衆不能佈施給信徒呢？財佈施、法佈施、無畏佈施，彼此都有關聯，怎麼能不佈施呢？佈施如播種，在家信徒佈施纔能有收成；出家僧衆，難道不播種就會有收成嗎？

一般寺廟道場都叫信徒要佈施，不少人聽到要佈施，總覺得犧牲太多，信仰佛教實在很辛苦，劃不來。談到受戒，不是這個不能，就是那個不能，感到很多的束縛，我不受戒就好了，何必要自找苦吃呢？其實「六度」不是這個意思。以下是我給予六度的新意：

假定我問：佈施是給人呢？還是給自己呢？答案是給人，更是給自己。如將種子播種到田裏，將來收成的當然是自己。

持戒，是自由呢？還是束縛呢？是自由，不是束縛。例如：你違反了佛教所説的戒律——四波羅夷戒：殺、盜、淫、妄，就需受國家的法律制裁，受輿論的壓力，受同等因果報應的裁判，你不犯戒，不就自由了嗎？戒是對自我的管理，是對別人的尊重，是不侵犯別人，尊重別人的生存自由，若能如此，自己不也就自由了嗎？所以，一般人不懂，以爲受戒會有許多的限制、束縛，因而不敢受戒，實際上受戒對自己是有極度自由的空間。爲了自由，怎麼能不受戒呢？

忍辱是討便宜？還是吃虧呢？當然是討便宜，不是吃虧。一般人認爲，忍辱是委屈自己，人家罵我們不還口，打我們不還手很窩囊，這就是忍辱。其實不然，「忍一口氣風平浪靜，退一步想海闊天空」，拳頭伸出去，你還會有力量嗎？所以，忍辱是養成自己的力量，擔當這世間的苦難。從忍讓裏增加人緣、增加智慧、增加慈悲、增加力道，因此忍辱不是吃虧，其所獲利益，無與倫比。

精進就是勤勞。勤勞是辛苦呢？還是快樂呢？看起來精進是辛苦，但從中更能獲得快樂。俗話説：「勤有益，戲無功。」精勤的人生，纔有成就。天下沒有白吃的午餐，也沒有不勞而獲的事。「你要怎麼收穫，就先怎麼栽。」

例如：地髒了，我來掃地，掃過地後，環境變得整齊潔淨了；你睡覺，我來工作、織布、種田，你睡覺沒有

所得，我勤勞作務，布織好了，田地裏果實成長了，怎麼能不歡喜呢？唯有經過自己努力流汗耕耘的結果，纔會有甜美豐碩的果實。從精進中獲得的快樂享受是無限的，否則再好的良田，如果不勤於耕種，如何能有收成？

禪定是活潑的呢？還是呆板的呢？是活潑的，不是呆板的。一般人以爲坐禪要眼觀鼻，鼻觀心，所謂老僧入定，如如不動，否則不容易入定。實際上，禪定是能動能靜，能忙能閒，能有能無，能大能小；禪定是無所不能，搬柴運水是禪，喝茶吃飯是禪，行住坐卧是禪，語默動靜、揚眉瞬目都是禪。生活中有了禪，就能增加人生的況味，讓我們過藝術的生活，活出圓融的生命；生命中有了禪，自能隨緣放曠，任性逍遥，大千世界在我的禪心之中，哪裏是刻板的坐禪呢？

般若是向内求呢？向外求呢？你向外求得科學、哲學等知識，總是世智辯聰，不若向内悟的般若。般若是向内自證的功夫，是透過「正見緣起，了悟諸法空性」所獲得的「内外圓成」智慧。人生若無般若爲前導，就像心裏的明鏡，沾滿了塵埃，没有光照的功用，假如説把汙染去除，光明即能顯現。般若讓我們可以少煩少惱，讓我們能夠獲得光明智慧，讓喝茶吃飯是禪，行住坐卧是禪，語默動靜、揚眉瞬目都是禪。我們可以將凡心變成聖賢心，讓我們看清人生的前途，走向康莊的成佛之道，有什麼不好呢？

所以過去解釋六度都認爲很難，其實六度對自己是大修行，有大利益，完全是爲我們施設的一種得度法門，是追求快樂的法門，有什麼不可行呢？

四聖諦

四聖諦：苦、集、滅、道，是佛教的根本佛法。爲佛陀當初在菩提樹下證悟、發現宇宙人生世間、出世間真理後，而對世間廣爲宣説的佛法。所謂最初的「三轉法輪」：第一次爲「示相轉」，是將四聖諦的内容定義加以解説。内容爲：此是苦，逼迫性；此是集，招感性；此是滅，可證性；此是道，可修性。

第二次爲「勸修轉」，是勸導弟子修持四聖諦的法門，以斷除煩惱獲得解脱。内容爲：此是苦，汝應知；此是集，汝應斷；此是滅，汝應證；此是道，汝應修。

第三次爲「作證轉」，是佛陀告訴弟子，自己已經證悟四聖諦，勉勵弟子只要勇猛精進，同樣能證悟。内容爲：此是苦，我已知；此是集，我已斷；此是滅，我已證；此是道，我已修。

但是我們佛教徒就是不肯知苦、斷集，不肯修道、證滅，只想求佛，只想别人給我，自己不肯用功，所以苦、集、滅、道的義理還是在藏經裏面，不能深入到家庭，深入到每個人心。

假如能明了，從原始佛教的苦、集、滅、道，進而到發起大乘的「四弘誓願」，因爲苦，知苦，我們要「衆生無邊誓願度」；因爲集，斷集，我們要「煩惱無盡誓願斷」；因爲要修道，所以「法門無量誓願學」；因爲要證滅，所以「佛道無上誓願成」，就能完成修道的層次。

但是四弘誓願除了佛教徒早晚課誦以外，不管任何的時候，誰敢站在佛前講：衆生受苦，我要去解救度化他們；衆生業報苦惱，我要去幫助他們減少煩惱業障；無盡的修行法門，我要去學習；佛道至高無上，我要去完成呢？其實，我們若能用四聖諦的佛法基礎，實踐四攝六度的行門，來完成菩薩道的四弘誓願，從願力中也就能增加動力了。

三寶：佛、法、僧（光、水、田）

佛、法、僧是我們所皈敬的三寶，它爲什麼會成爲寶呢？寶很難求、很難得。世間的財寶如黃金、鑽石、珍珠，它能夠豐富我們的物質生活；出世間的財寶就是佛、法、僧，獲得出世間三寶，則使我們的精神富有。

所得，我勤勞作務，布施好了，田地裏果實成熟了，怎麼能不歡喜呢？唯有經過自己努力流汗耕耘的結果，才會有甜美豐碩的果實。從精進中獲得的快樂享受是無限的。否則再好的良田，如果不勤於耕種，如何能有收成？

禪定是活潑的呢？還是呆板的呢？是活潑的，不是呆板的。一般人以為坐禪要眼觀鼻，鼻觀心，所謂老僧入定，如如不動，否則不容易入定。實際上，禪定是能動能靜，能往能閒，能有能無，能大能小，禪定是無所不能。搬柴運水是禪，喝茶吃飯是禪，行住坐臥是禪，語默動靜，揚眉瞬目都是禪。生活中有了禪，就能增加人生的況味，讓我們過藝術的生活，活出圓融的生命；生命中有了禪，自能隨緣放曠，任性逍遙，大千世界在我的禪心之中，哪裏是刻板的坐禪呢？

般若是向內求呢？向外求呢？你向外求得科學、哲學等知識，總是世智辯聰，不若向內悟的般若。般若是向內自證的功夫，是透過「正見緣起」，了悟「諸法空性」所獲得的「內外圓成」智慧。人生若無般若為前導，就像心裏的明鏡，沾滿了塵埃，沒有光照的功用。假如說把汗垢去除，光明即能顯現。般若讓我們可以少煩少惱，讓我們能夠獲得光明智慧，讓喝茶吃飯是禪，行住坐臥是禪，語默動靜，揚眉瞬目都是禪。我們可以將凡心變成聖賢心，讓我們看清人生的前途，走向康莊的成佛之道，有什麼不好呢？

所以過去解釋六度都認為很難，其實六度對自己是大修行，有大利益，完全是為我們施設的一種度法門，是追求快樂的法門，有什麼不可行呢？

四聖諦

四聖諦：苦、集、滅、道，是佛教的根本佛法。為佛陀當初在菩提樹下證悟，發現宇宙人生世間、出世間真理。從而對世間廣為宣說的佛法。所謂最初的「三轉法輪」：第一次為「示相轉」，是將四聖諦的內容定義加

以解說。內容為：此是苦，逼迫性；此是集，招感性；此是滅，可證性；此是道，可修性。

第二次為「勸修轉」，是勸導弟子修持四聖諦的法門，以斷除煩惱獲得解脫。內容為：此是苦，汝應知；此是集，汝應斷；此是滅，汝應證；此是道，汝應修。

第三次為「作證轉」，是佛陀告訴弟子，自己已經證悟四聖諦，勉勵弟子只要勇猛精進，同樣能證悟。內容為：此是苦，我已知；此是集，我已斷；此是滅，我已證；此是道，我已修。

但是我們佛教徒就是不肯知苦、斷集，不肯修道、證滅，只想求佛，只想別人給我，自己不肯用功。所以苦、集、滅、道的義理還是在藏經裏面，不能深入到家庭，深入到每個人心。

假如能明了，從原始佛教的苦、集、滅、道，進而到發起大乘的「四弘誓願」，因為苦，知苦，我們要「眾生無邊誓願度」；因為集，斷集，我們要「煩惱無盡誓願斷」；因為要修道，所以「法門無量誓願學」；因為要證滅，所以「佛道無上誓願成」，就能完成修道的層次。

但是四弘誓願除了佛教徒早晚課誦以外，不管任何的時候，誰敢站在佛前講：眾生受苦，我要去解救度化他們；眾生業報苦惱，我要去幫助他們減少煩惱業障；無盡的修行法門，我要去學習；佛道至高無上，我要去完成呢？其實，我們若能用四聖諦的佛法基礎，實踐四攝六度的行門，來完成菩薩道的四弘誓願，從願力中也就能增加動力了。

三寶：佛、法、僧（光、本、田）

佛、法、僧是我們所皈依的三寶，它為什麼會成為寶呢？寶很難求，很難得。世間的財寶如黃金、鑽石、珍珠，它能夠豐富我們的物質生活；出世間的財寶就是佛、法、僧，獲得出世間三寶，則使我們的精神富有。

但此三寶原來就是我們本有的，無需去求。好比佛如光，我們沒有光明照耀嗎？法如水，我們沒有流水使用嗎？僧如田，我們沒有站立的地方嗎？

說到光，光有三個功用：照耀、溫暖、成熟。因爲有光，黑暗中有了燈光，我纔不恐懼；因爲有光，火爐、暖氣可以取暖，我就不怕寒冷；因爲有光，溫暖的太陽能成熟萬物；火能把米飯煮熟。所以佛如光，佛光普照。你雖不認識佛，但知道有光，爲什麼你不把佛光看成就在自己的身邊呢？

法如水，法有水的功能，水有洗滌的功用，能去除我們的汙穢業障；有解渴的功能，能解除人的飢渴；有生長的能量，一花一草，要靠水澆灌，水能讓我們健康、成長。我們雖不懂得法，但你天天都在用水，法水不就在你的生活裏嗎？

僧如田，田地可以種植耕作，讓作物五穀豐收；可以建房子、可以運動走路。僧如老師，教育我們、給我知識，爲我們服務、給我們方便，所謂福田僧。

因此，皈依佛，佛光普照，如心中建發電廠，千年暗室，一燈即明；皈依法，法水長流，如自來水，給萬物滋潤，給我們解渴，洗清罪業，滋潤慧命，成長我們；皈依僧，僧如老師和田地，老師給我們智慧，土地讓我們萬古藏。

三寶，你不一定要把它看成是供在殿堂的佛像，藏經樓的佛經，或者叢林裏面的教團、僧團，其實三寶就是我們的自性，都是在我們的心中。

三皈五戒（皈依三寶是民主，受持五戒是自由）

皈依三寶，是皈依自己，所謂「自性三寶」。佛陀當初在菩提樹下金剛座上悟道的那一刻，對人間宣誓了

第一句佛法：「奇哉！奇哉！大地衆生皆有如來智慧德相，只因妄想執著而不能證得。」這是告訴我們，人人是佛。因此，人人都有佛性，就是佛寶；人人皆有平等無差別的法性，就是法寶；人人都有喜好清淨和樂的心性，是爲僧寶。

五戒就是不殺生、不偷盜、不邪淫、不妄語、不吸毒。我曾經說過，五戒也可以用「亂」字來表示，即：不亂殺、不亂取、不亂淫、不亂說，最後不亂吃。犯了五戒：殺生、偷盜、婚外情、造謠、吸毒等，就會鋃鐺入獄，不得自由；守戒，是遵守倫理道德，人人不侵犯他人，彼此都能獲得自由。所謂「平常不做虧心事，半夜敲門不吃驚」。

五戒分開來講有五條，但從根本上來看只有一條戒，也就是「尊重自由故，不侵犯他人」。不殺生，是不侵犯他人的生命；不偷盜，是不侵犯他人的財產；不邪淫，是不侵犯他人的身體；不妄語，是不侵犯他人的名譽；不吸毒，是不侵犯自他人的健康和安全。即「我不犯人，人不犯我」。

受持五戒，就是開闢自己人生的高速公路、飛機的航線、海洋的航道。因此，受五戒不只是消極的不殺生、不偷盜、不邪淫、不妄語、不吸毒，更要我們積極地做到：不殺生，還要護生；不偷盜，而要喜捨；不邪淫，而要尊重；不妄語，而要實語、讚美；不吸毒，而要正行，以清心智慧爲人服務。因此五戒可說是自我的管理、自我的通道，不可以把自己的道路堵塞。

現今社會大衆高唱的「自由、民主、平等」這許多響亮的口號，是經過多少的仁人義士，爲了這些美麗的言辭理想，和惡勢力反對、抗爭，纔有今日的成果。其實，早在兩千六百年前佛陀就已經提倡自由、民主、平等了。何以知道？從上述的皈依三寶、受持五戒得知。

人人受持五戒不侵犯別人，大家都自由。自由民主，在佛陀世界裏，都是平等的待遇，還有什麼好爭的？

現在講的人人要平等，如果人人都知道自己是佛，都是平等，何須要革命呢？

所以，皈依三寶、受持五戒就是現在講的民主自由社會。世界上從政的領袖們，你們要想瞭解佛陀的胸懷嗎？瞭解了，那麼就是世界平等、和平的日子到來了。

我是佛

在佛教裏求受過三壇大戒的比丘、比丘尼，我想都念過：「我菩薩某某，今天在得戒某某菩薩座下求受具足戒，爲了要進取佛道故。」所以，既然都已經成爲菩薩了，如佛陀說人人有佛性，我們應該要直下承擔「我是佛」了。

《法華經》裏的常不輕菩薩，也都對人說：「我不敢輕視汝等，汝等皆當作佛。」一切生命，有的是過去諸佛，有的是現在當今諸佛，有的未來必定都是佛。總之，人人有佛性，所謂有情眾生同圓種智。

經云：「是心作佛，是心是佛。」佛陀的法力無邊，只要你願意學佛所行，就會產生力量，何況能真正發心成佛作祖呢？所以在皈依三寶的時候，稱念「皈依佛」，應該自己就是佛。因此，我經常教導皈依者，直下承擔「我是佛」。承認自己是佛了，就不能殺害生命，想想佛祖有殺人嗎？也不能貪汙、竊盜、搶劫別人的財富，試想佛祖還會做這種勾當嗎？其他如邪淫、妄語、吸毒更不行了。

「我是佛」就應該糾正自己不當的行爲。例如：拿起酒杯喝酒時，你想我是佛，我能喝酒嗎？抽香煙的時候，想到我是佛，我能抽煙嗎？和人吵架的時候，想到我是佛，我能和人那樣的爭吵嗎？

「我是佛」這不是一句口號，在佛教裏，已皈信三寶、受持五戒的在家信眾，或者出家爲比丘、比丘尼受菩薩戒者，自己都要承擔「我是佛」。所以，如果問信佛教、皈依三寶有什麼利益？只要肯承擔自己是佛，一切最大的利益就已經集中在你的身上了。

佛不是來無影去無蹤的神仙，佛也不是講究權力、賞善罰惡的神明。世間上，沒有權威，權威就是真理，最有權威的就是法。佛，依法成佛，僧團的比丘、比丘尼，也是依戒、依法纔成爲比丘、比丘尼。三寶弟子、五戒弟子、佛教信徒也要因爲自己信佛、行佛，要敢承擔自己是佛，纔是佛陀的真弟子。

過去，禪門的祖師常說「非心非佛」、「即心即佛」、「心、佛、眾生，三無差別」。所以希望我們佛教界，尤其今日倡導「人間佛教」的有心人士，能推動「我是佛」的運動，「我是佛」的講說，「我是佛」的承擔，讓當今世界上更多人肯承認「我是佛」，那人間即成爲佛國。

了生脫死

我們問人：「你爲什麼要皈信佛教？」大多數人會回答說：「爲了了生脫死，斷除煩惱。」

假如我們再進一步詢問他：「當今誰斷除煩惱了？誰了生脫死了？」我想就難以回答了。可見得「斷除煩惱，了生脫死」不是口號，要有實際的行動。

貪欲、瞋恨、嫉妒、驕慢，每一個人的心裏，都裝滿這許多煩惱，減少煩惱都不容易了，斷除哪有那麼簡單？不過，煩惱也不是那麼可怕，就像水果，起初是酸澀的，但經過和風的吹拂，陽光的照耀，酸澀就會變成甜蜜的滋味，這是必定的過程。

因此，我們心中酸澀的煩惱，經過佛光普照、法水徧灑以後，一樣地也會成爲甜美的佛果，問題是你的陽光、法雨、和風在哪裏呢？沒有陽光、法水、和風，所有的植物會乾枯、死亡，就不能變甜蜜，一切還得重新生長。所以，煩惱不能變化，本性不能升華，要想了生脫死，那就更不可能了。

關於了生脫死，怎麼了生？怎麼脫死？我覺得，說難是很難，誰見過誰了生脫死呢？說不難也不難，因爲我們每一個人當下都可以了生脫死，所謂「道無古今，悟在當下」。

比方說，參加短期出家，就是另一種形式上的了生脫死。數天的修道日子裏，暫時遠離金錢名利的追求、憂慮的工作、世俗的煩惱，讓心地清淨，不過問人間是非，不想生活問題，這不是「了生」嗎？結束了短短數日的修道生活，對人生有了新的觀念、新的方向，不再醉生夢死，不再顧慮害怕，這不就是「脫死」了嗎？

另有一次，我率領幾位徒眾要趕往喪家舉行告別式。初出家的徒眾，個個面有難色，覺得我們纔剛出家，就要去做經懺佛事。我即刻開導大家說：「你們要出家的時候不是說要了生脫死嗎？我今天就帶你們去了生脫死。」

我說：「我們替亡者誦經，如法的佛事讓生者得到安慰，這不是『了生』嗎？亡者同時獲得我們的冥福祝禱，不就能『脫死』了嗎？只要我們誠心正意，看起來是爲他人生死服務，自己當下也就了生脫死了。你不講究當下的服務，利益別人，你要到哪裏去了生脫死呢？了生脫死不是未來的希望，就是在今朝。」

老病死生

佛教裏有一句經常勸導世人的話說：「人生是苦。」說明這世間有二苦、三苦、四苦、八苦、無量諸苦等。尤其四苦「生老病死」是人們最常面對的現實。

生、老、病、死了以後就不知道了，人生好像沒有希望了。這一句話，千百年來大家因循這樣的說法，讓佛教的發展、傳道有困難。但是現在我們倡導「人間佛教」，體會佛陀的原意，它是說明衆生未來有無限的希望。「苦」是人間的實相，但是在苦當中，我們可以轉苦爲樂，可以轉迷爲悟，主要的叫我們要會「轉」。假如我們瞭解佛陀的教法，應該把「生老病死」說成「老病死生」，意思是說老病死以後就會轉生，轉生就有希望、轉生就有未來，所以讓人生的生命生生不息，沒有止境，永恒不死。

所以把「老病死生」以「老」做爲開頭也不是不好，好比中國人有一句話：「家有一老，如有一寶」，人在年輕的時候，有時被批評、看不起，到了老年，說話、修爲都很相當了。

像我們「人間佛教」倡導「菩提眷屬」，年輕夫妻結婚的時候，也許因爲經濟能力不足、環境條件不夠，到中、老年了，兩個人可以再結一次婚，彌補對方一個婚禮，所謂的「增益婚禮」，可以讓感情更升華。

就算老年有病，老人有病在身也很自然的事，會有人來照顧、協助看病，以病爲友，甚至以病爲樂，也沒有什麼不好。

至於「死」，這是很自然的事，死亡等於睡覺一樣很舒服，也是一種安息，所以過去佛教對死稱爲「往生」，死了就要生，生命很有未來。

重要的是，佛教講苦不是目的，苦只是一個過程，所以「老病死生」，生命應該是希望在前、快樂在前，有希望就有幸福、就有安樂。

佛身（本尊和分身）

成佛之後，佛有三身之說，即法身、報身、應身。

法身，是我們本來的真如佛性，應該是偏滿虛空，充塞法界。不過，雖然人人本具，各各都有，但是本人卻不知道自己的法身可以偏滿宇宙。

假如有人問：這個人的法身偏滿宇宙虛空，那個人的法身也偏滿宇宙虛空，那虛空不是太擁擠了嗎？不會的。一間房間裏，點了幾十盞、上百盞的燈，彼此並不妨礙，所謂佛佛道同，光光無礙。「若人欲識佛境界，當淨其意如虛空」，佛的世界就是那麼樣的美妙殊勝。

其次是報身，報身是個人的福德莊嚴。平常人身不滿六尺，大家都一樣地高矮，但我們常聽到有人讚美某某人偉大與崇高。但他偉大崇高在哪裏？在他的道德、他的智慧、他的慈悲、他的緣分。有的人福德如山，有的人智慧如海，「仰之彌高，望之彌堅」，那是多生修鍊成就福德因緣。他雖是跟我們一般人的身高大小一樣，可是他的影響力、他的精神力、他的功德力，如山如海。

第三是應身，佛陀的相好莊嚴，可以隨緣應化，隨緣分別。像釋迦牟尼佛，十方三世佛，又未嘗不是佛陀的化身佛呢？如觀世音菩薩應以何身得度者，即現何身而為說法，所謂三十三應身。也就是說，天上的月亮雖是一個，但映在千江萬水之中，都有月亮，所謂「千江有水千江月，萬里無雲萬里天」。佛陀本尊是一個，但他有無限的分身。

今天沒有辦法參加會議，我請人代表去，那不就是我的分身嗎？今天要到一個地區，完成一項任務，請他人幫助我完成，那不就是我的分身嗎？我的兒女，不都是我的分身嗎？我可以兼職，有很多的任務，那不都是我要分身去完成嗎？看你有多少力量，就能有多少分身。有人說分身之術，就像照一張照片，沒有錢加洗，哪裏能分身呢？到處都是孫中山先生的遺像，諸佛菩薩也都到處讓人供奉，只要你能代表他信仰中、理想中的德，你就是他的分身了。

法身，是本有的。報身，是修習六度萬行後，所獲得的無量福德智慧。應身，能夠分身，要看個人力量的大小。像有的人，自己本分的事務都做得不完美，不能完成，還要別人幫忙；有的人除了自己應盡的職務以外，他又攬了好多的事情，那不就是要靠分身的力量，不然另外還要靠什麼呢？

佛陀三身如何認識？當下即是，端看自己如何表現。如同三鳥飛空，空無遠近，跡有遠近；三獸渡河，水無深淺，跡有深淺。

忍（讓他一步，忍耐一下）

在世間上，什麼力量最大？忍的力量最大。佛陀說：如果人不能忍受別人加諸於自己的批評、咒罵、毀謗，惡毒如飲甘露，不能名為有力大人。可見忍是一種力量，是責任，是明理，是化解，是般若智慧。

有一位學生被另一個人欺負，他報告當家，當家說：「算了，你忍耐一下嘛！」他不服氣，報告訓導主任。訓導主任說：「喔，我知道。好，你忍耐一下。」他不服氣，再去找校長報告，某某同學怎麼樣子欺負他。校長也說：「我會注意，你忍耐一下。」這個學生就很奇怪，當家叫我忍耐，老師叫我忍耐，校長也叫我忍耐，難道除了忍耐沒有別的辦法嗎？

沒有別的最好的辦法就是忍耐。世間一切利害、是非、爭執，最能解決的、最有效的、能得最後勝利的，就是忍。一般人以為忍，只是忍苦、忍窮、忍氣，但這個不是忍的全部真義。忍是智慧、是力量、是承擔。

忍有生忍、法忍、無生法忍等三個層次。

所謂生忍，第一，你要能認識，對一切事物的真相，一些是非的爭議，人世間的一切好好壞壞，你能認識嗎？認識是忍。

第二、認識了以後，你能判斷嗎？有人禮物要送我們，有的能接受，有的不能接受。你有這樣的智慧判斷嗎？

第三、假如說你接受了，你能承擔嗎？你能負責嗎？

理人事者，還必須要有忍的智慧、忍的力量、忍的謙和。

第四、一件事，一樣東西，接受下來了，你會處理嗎？有的人做人處事，不會處理，到處惹麻煩；善於處

第五、要能化解。無論什麼語言、什麼事情，到你這裏來，你能有智慧化解嗎？你有力量消除嗎？你能和平解決嗎？你可以讓大家皆大歡喜嗎？

我們生存在世間，一個人要維持生命，最重要的就是要生忍，生忍就是上述說的，要能認識、要能接受、要可以擔當、要可以處理、要可以化解、要能消除。

再者，生忍還不夠，還要法忍。世間萬法，包括這個精神物質，眼所見耳所聞，所謂色、聲、香、味、觸、法都是法；喜、怒、哀、樂各種情緒也是法。面對善善惡惡、是是非非的一切法，你能認識嗎？你能接受嗎？你能擔當嗎？你能處理嗎？你能化解嗎？你能消除嗎？這需要法忍，一切諸法要能忍。

最後，無生法忍，那是一個不生、常樂，沒有憂悲，沒有喜怒，不加以去辨別，一切都是寂滅的境界。無生的境界，一切法不生，哪裏要什麼生忍、法忍呢？所以無生法的忍是最高的智慧、最高的力量。我們修證，就修一個「忍」的法門，就如當今社會上，有心人士用「忍」字作爲座右銘。

所謂知足常樂，能忍自安，從「忍」能夠獲得解脫。

三好

一九九八年四月，我在中正紀念堂恭迎佛陀舍利來臺祈福的法會上，邀請連戰先生，共同宣誓「三好運動」；二〇〇九年起，國際佛光會在凱達格蘭大道舉行佛誕節活動的時候，馬英九先生也與我一起宣誓三好的口號。

「三好」就是身做好事、口說好話、心存好念。簡單說就是：做好事、說好話、存好心，即所謂的「三好運動」。

一般人身、口、意容易造惡業。如身：殺、盜、邪、淫；如口：妄語、兩舌、惡口、綺語；如心：貪、瞋、愚癡、邪見，行三好就是讓身、口、意不要造惡業。

一般人都知道，生存在世間要多行善，不可以造惡業。佛教徒也都了知因果輪迴的道理，我們累劫以來因身、口、意業的造作，種下善惡業因，招感著六道輪迴的果報。然而一直到二十一世紀的今天，纔有科學家證明佛教所說的業力，就是他們研究出來的基因——生命的密碼。

現在農業專家要改變植物的基因，讓植物長更大更多；動物學家也在想用什麼方法來改進豬、馬、牛、羊等動物的基因，讓動物體能更加健壯；甚至各國的科學家，更致力於人類基因圖譜的建立，希望找出人體所有的基因，以幫助癌症、先天性疾病的患者，針對有缺陷的基因，加以治療。

其實人的身、口、意行爲，無論善惡，都會產生一股力量，驅使我們去造作新的行爲，新的行爲又會產生新的力量，形成循環，而這些善惡業的因緣成熟，一切還得自作自受。因此，佛教早就昭示人要行善，要諸惡莫作，要衆善奉行，所以行「三好」就是佛教的本意。

你拜佛不拜佛，佛也不一定要你拜他；你念佛不念佛，佛也不一定要求你念他，你心中有沒有想佛，佛也不一定要求你觀想，但是佛教要求每一個人要修身、修口、修自心。

就像房屋漏水，要修繕一下；地下髒了，需要掃地；桌子壞了，需要工具來修理；衣服破爛，要修補一下；身體的疾病，也要治療一下。身、口、意有病，怎能不修繕、修補呢？那修補身、口、意，需要什麼工具呢？做好事、說好話、存好心。

比方，修橋鋪路是好事，施茶施水是好事，垃圾你丟我撿、助弱扶危都是好事；「憐蛾不點燈，愛鼠常留飯」，也可說是好事，現在和睦社區、服務社會都是好事，寺院的慈善團體或寺院道場的許多義工，犧牲休假日爲大衆服務都在做好事。

什麼叫説好話呢？給他人歡喜、讚美是好話，給他人鼓勵、加油是好話，給他人指導、教育是好話，以鼓勵代替責備，以愛語代替指責都是好話。金錢多了，錢也能犯罪；力量太多，成爲權力也不太好；但好話不怕多，適當的好話，可以鼓舞人心，净化的、美化的好話越多越好。

再者，存好心是什麼呢？一念爲人是好心，一念護生是好心，一念愛國是好心，一念助人是好心，祈願國泰民安是好心，祈願風調雨順是好心。我們的心每天都在天堂、地獄裏來回，如果把心存放在天堂裏、好念裏，那就是好心了。

中國的聖賢、所謂的君子，因爲他們做好事、説好話、存好心，而美名流傳，因此我們今日也要發願做好人，實踐做好事、説好話、存好心，帶動社會善美的風氣。

我對佛教有一些想法，唯有給它人間化、藝文化、大衆化、生活化，讓人懂得佛教真正的意涵，就能奉行佛的教法。遺憾的是幾千年來的佛教，談玄説妙，要讓人不懂纔叫做講經説法，讓人聽懂，總覺得不算稀奇，實在説，解行纔是佛法。

我弘法六十餘年，一直用心、盡力，就是希望能有一些新解、新意讓人能懂，或者説我是要把佛陀的本懷流露出來，在信衆的前面，讓他知道佛意是什麼。所謂「新解」，不如説，就是佛陀的本懷吧！

對於佛教的「新解」正陸續結集，未來整理成書，再提供大衆參考指教。

我推展社會運動

要說「我與社會運動」，應該從佛教最初的集會，也就是佛陀最初說法傳教說起，這可說是佛教社會運動的源頭。

佛陀成道後，一生在五印度弘傳教化，可用一首偈語表達：「華嚴最初三七日，阿含十二方等八，二十二年般若談，法華涅槃共八載。」佛陀的弘教，從講說《華嚴經》、百萬人天集會聽講開始，經過《阿含經》而到彰顯大乘精神的《般若經》，最後用八年的歲月宣說《法華經》、《涅槃經》，都是爲了因應不同根性衆生的需求，說法內容也有所調整。

佛陀除了善於觀機逗教，再以地點來觀察，佛陀的弘法運動，時而在祇園，時而以靈鷲山爲中心，時而在恒河兩岸，時而率領弟子遊行各方。佛陀偶爾也應信徒之請去爲他們家庭普照，比方到須達長者的家中，度化剛强驕慢的媳婦玉耶女；也曾獨自冒險去感化殺人魔王鴦掘摩羅。

佛陀以慈悲智慧善巧接引各階層的衆生，佛弟子們也經常被派遣到各地弘法。尤其佛陀主張「四姓出家，同爲釋子」，這是佛教倡導「平等」思想的具體行動；提出「人人皆有佛性」，這是佛教對「民主」精神的高度彰顯；教導大家「奉行五戒，不侵犯他人」，這是佛教「自由」真義的積極詮釋。因爲一個人惟有尊重他人，自己纔有可能獲得真正的自由。從這些方面來看，佛陀確實是一位從事「平等、民主、自由」改革運動的社會運動者，也可說是「人間佛教」社會運動的先驅。

佛光山自開山以來，即秉承佛陀的教法，以提倡「人間佛教」，建設人間淨土爲宗旨，積極走入人羣，走入社會，實踐「六度波羅蜜」、「八正道」。爲此，我也曾發起多項現代佛教的社會運動，以下就時間先後略述如下。

臺灣南北行脚托鉢

爲了效法佛陀慈悲益世的精神，我在佛光山開山二十週年（一九八七年）時，決定遵從佛制，以「臺灣南北行脚托鉢」的方式，用一個月的時間，從臺北走到高雄爲臺灣祈福。這次行脚的宗旨，我希望大家能——走出社會富强的道路，走出人間光明的道路，走出佛教興隆的道路，走出佛子正信的道路。除了感謝社會及信徒大衆對佛光山的護持與成就，同時也爲了善盡佛教徒的社會責任。當時，由心平和尚擔任總領隊，慈惠法師爲總壇主，慈容、依嚴法師擔任北區、南區的壇主，慧龍法師爲執行秘書。經過多次的籌備會議，同年四月五日，我們從臺北起步，一百零八位行脚僧在莊嚴隆重的祈福法會後，用行脚的方式讓佛教「走出去」，走向社會人羣，走向衆生。

值得一提的是，佛門的行脚托鉢，提供大衆一個提升信仰層次的因緣，讓大家的心靈更清淨、更善美，明白自己可以從內心自我改造，開發心中的佛性。最明顯的例子就是，當民衆看到佛陀聖像和行脚的法師來了，都不約而同地在門口擺上香案，以鮮花素果拜拜迎接。這表示許多人已經明白「慈悲心」就是最好的供養，不需要三牲五禮，一樣可以表達虔誠的心意，無形中也爲社會增添祥和之氣。

從行脚一個月，南北縱走十七縣市七百多公里，並且舉辦十七場佈教大會，這一百零八位行脚僧脚踏實地，確實是一步一脚印走出了人間行者的風範。而這次南北行脚托鉢所得的功德款項，經向「教育部」申請通過，隔年正式成立「財團法人佛光山文教基金會」。多年來，基金會已舉辦過多次學術交流、各項藝文活動、生命教育、佛學會考，以及梵唄音樂會、人間音緣、雲水書車行動圖書館等淨化人心的活動，以回饋大

衆，造福社會。

那一次的全臺行脚祈福，受到社會大衆廣大的回響，多年後，在二〇一一年，爲慶祝辛亥革命百年和「佛陀紀念館」的落成，佛光山不但傳授「國際萬緣三壇大戒」，在佛陀真身舍利安奉於「佛陀紀念館」之前，我們也從十二月一日起到二十二日，安排佛陀舍利繞行全臺，有五百名行脚僧隨行托鉢。所到之處，大家爲了表示對佛陀的最高禮敬，無不殫精竭慮，以最新穎的創意恭迎佛陀舍利。例如：桃園的「百尊土地公迎佛祖」、新竹的「迎舍利放天燈」、臺中的「萬人提燈」和屏東的「微笑單車，與佛同行」等，結合各地豐富的文化、民俗活動，充分展現臺灣民間的善美與活力。

這次佛陀舍利出巡，受到全臺各縣市政府與鄉親、宮廟的熱烈支持，令我們感動不已，也更深切感受到佛陀穿越時空的威德力、慈悲力。爲了使社會大衆有更多因緣與佛接心，舍利行經暫奉的佛光山別分院，也將供奉舍利的佛殿徹夜開放，供大家前去瞻仰、禮拜。而「佛祖巡境‧全民平安」托鉢所得的浄財，則悉數捐作「公益信托教育基金」，用於貧童助學、三好實踐校園，和其他教育、文化推展等相關計畫。祈願我們行脚參學的這份發心，能影響更多人走出自己人生大道的光明、信心、歡喜和希望。

回歸佛陀時代

一九八八年三月初，有感於過去戰爭時期，有一批國民黨官兵及他們的遺眷仍滯留在泰北，生活極爲刻苦艱困，於是在十方大衆的支持下，我發起「送愛心到泰北」，組成「泰北弘法義診團」，前往泰國、緬甸、寮國三國的交界處關懷當地同胞。他們大多是抗戰時期遊擊隊第三軍、第五軍的後代，他們告訴我：「儘管我們經常處於飢餓狀態，但是寧可以吃不飽，也要有佛堂可以拜佛。」

記得那天夜裏，我們在萬籟俱寂的山中經行，這段話讓我思緒萬千。想到佛陀住世時的慈悲，想到泰北民衆堅韌的生命，想到當時因爲股市暴漲，「大家樂」興盛，使得臺灣社會投機成風，民衆價值觀茫然若失。

返抵臺灣後，我便向弟子們宣佈：在南北行脚托鉢之後，我們要舉辦「回歸佛陀時代弘法大會」，帶領民衆重覩靈山勝境，重聞祇園法音，重與聖賢聚首，重沐佛陀慈光。藉由認識佛陀，聽聞佛法真理，讓我們的人生有所安頓、有所歸依。勇於任事的心平和尚、慈容法師，發心帶領全山大衆籌畫這個盛會，經過一連串縝密的規畫，我們自九月十七日起的三個週末，分別在臺北中正體育館、彰化縣立體育館、高雄市立體育場舉行「回歸佛陀時代弘法大會」。

在弘法大會開始前一週，爲了讓民衆知道法會訊息，並引導大衆端秉身心以迎接佛陀，佛光山的佛祖被請到貨車改裝的「佛祖車」上，車身兩側懸掛著「恭迎回歸佛陀時代」、「佛祖蒞臨」的醒目布條，「迎佛」車隊在北、中、南各區展開繞境祈安的行程。原本預定每天車程八小時、祈安法會四場，但經常爲了地方上的熱烈請求，而隨緣加長停留時間。尤其，萬華龍山寺從來不開的中門，爲了迎接佛陀聖駕，不但敞開大門，該寺住持還親自披上紅祖衣，帶領信徒身著海青排班迎接，可見「迎佛」車隊，確實爲「回歸佛陀時代弘法大會」做了很好的前導。

說到「回歸佛陀時代」，我們可曾見過佛陀是什麼樣子？可曾知道佛陀的性情？佛陀的生活？佛陀的感情？甚至佛陀的傷感？我們能否體會佛陀的「心」？我們要如何纔能體會佛陀的慈悲、喜悅、無欲、平等？如果能深入認識佛陀，相信更能納受佛法真理的可貴與美好。

當社會上有越多人願意認識佛陀，這個社會必定是安穩、和樂、有道德的。堪以告慰的是，「回歸佛陀時代弘法大會」有將近十萬民衆參與，無論是政府官員、民意代表，或者平民百姓，都藉由活動的參與，在心田

裏種下了清淨善美的菩提種子。我們也深信，所有歡喜佛陀教法的人，都能擁有健全圓滿的人生。

把心找回來

國際佛光會成立的時間，是在一九九〇年代。當時整個社會瀰漫著一種令人憂心的氣氛，例如：學生中輟、青年飆車、流氓橫行等，青年不但不愛護自己，更不要說是爲人服務了，員警對這些失序的現象也束手無策，無從管理。我就想到，人之所以爲人，是因爲人有心，心是主體，眼、耳、鼻、舌、身爲客體；心，是眼、耳、鼻、舌、身的主人，有好的主人來管理，眼、耳、鼻、舌、身纔能各司其職，各安其位，因此，我便發起「把心找回來」的活動。

李登輝先生在任時，他也提出「心靈改革」，希望社會安寧。但是要社會安寧，必須提供一些民衆做得到的方法，好比掃地要有掃把，洗衣服要有肥皂，我們要把心找回來，應該也有一些方法、工具。

於是在一九九二年，佛光山、國際佛光會「中華總會」，便聯合「中華文化復興運動總會」開始籌辦「把心找回來」系列活動，藉以呼籲重整社會治安、重視家庭倫理。承蒙「內政部」、「文建會」、「新聞局」、「勞委會」等擔任指導單位，「中視」、「臺視」、「華視」、「中廣」、警廣、「中華日報」、《臺灣日報》、《臺灣新生報》、《臺灣新聞報》、《民衆日報》、《自立早報》、《自立晚報》、《國語日報》、《普門》雜誌、《聯合報》、佛光山淨土文教基金會、吳尊賢文教基金會等爲協辦單位，我們共同來發動這個運動。

爲了引起社會大衆的共鳴，我們還邀請時任「內政部長」的吳伯雄先生來登臺高歌一曲，同時也和社會各界聯合舉辦活動。例如：與「中央日報」副刊合辦徵文活動；邀請知名歌唱家陳曉霞、李亞明，以國語、閩南語在各地演唱「把心找回來」的主題歌；我們也舉辦了七場大型講座，由李豔秋、趙守博、葉樹姍、李四端、朱秀娟、亮軒、梁丹豐等人和我主講；臺視、「中視」、「華視」三家電視臺，同時播放國、閩南語「把心找回來」的公益廣告。此外，有二十多位廣播電臺主持人，訪問一百位各行各業人士，不僅製作「把心找回來」的訪談節目，並集結成《從愛出發》、《名人證言錄》兩本書籍，其他多家平面媒體則協助印製海報、廣告。

除此之外，「把心找回來」的運動也延伸到監獄，爲受刑人舉行皈依典禮、傳授五戒、短期出家等。雖然教界有不同的聲音，認爲怎麼可以讓受刑人短期出家？確實，失去自由的受刑人，沒有出家的資格。但是人的業報、業障需要消除，人能改過，只要有懺悔的心情，願意「放下屠刀，立地成佛」，社會就會有進步；佛教願意給他一點機會，給他一點空間，相信他就能回頭是岸。

活動圓滿當天，我們在員警專科學校大禮堂舉行晚會，並邀請知名主持人張小燕主持，最後錄製成大型電視節目於教師節播出。

「把心找回來」這一個社會運動，透過電視臺、報紙媒體，推動到學校、工廠、機關團體乃至整個社會，都獲得熱烈的回響。後來我們又舉辦了「七誡運動」、「慈悲愛心列車」、「三好運動」、「百萬人興學」等運動，這些無非是爲了延續「把心找回來」的運動，讓社會能繼續走向安定幸福。

七誡運動

除了「心」的運動，佛教講到人身的修爲，就是受持五戒。其實，佛教的五戒，相當於儒家的「五常」，「五常」者，仁、義、禮、智、信也。不殺生曰仁，不偷盜曰義，不邪淫曰禮，不妄語曰信，不吸毒曰智。儒家講究三綱五常，認爲「半部《論語》治天下」；而佛教的三皈五戒，宣揚自由、民主、平等的思想，同樣可以治國平天下。受持五戒，就是自我的管理，最主要的內容，就是不侵犯別人的自由。如：不殺生，即不侵犯

別人生命的自由；不偷盜，爲不侵犯別人財物的自由；不邪淫，不侵犯別人身體、名節的自由；不妄語，不侵犯別人名譽、信用的自由；不吸毒，不侵犯人我健康、安全的自由。但是現在的社會，到處充斥著家庭暴力、賭博、毒品等，五戒的規範似乎也有所不足。

眼看著社會善良風氣低落，道德沈淪，於是我在一九九三年便提出「七誡運動」。七誡是指：一誡煙毒、二誡色情、三誡暴力、四誡偷盜、五誡賭博、六誡酗酒、七誡惡口，希望能藉此淨化人心。因爲今天社會之所以有問題，都是犯了「五戒」或「七誡」，以至於臺灣的監獄人滿爲患。由此可知，社會需要深入人心的法治觀念，纔能逐步達成「人人守法，人人守戒」的目標。

爲了響應這個運動，國際佛光會在同年十月，於林口中正體育館舉行的會員大會中提出議案，並宣誓遵守七誡；隔年元月，又在臺北體育館舉辦「淨化人心七誡活動宣誓大會」，有「監察院長」陳履安、「內政部長」吳伯雄、「法務部長」馬英九、國民黨「社工會」主任鍾榮吉、「立法委員」洪冬桂、晨曦會牧師劉民和等貴賓參與。

由於「七誡運動」是以創造全民安和樂利的生活爲主旨，爲了引起社會大衆的關心，佛光會也別出心裁地與「行政院法務部」、「中國時報」、臺北市籃球之友協會、黑松股份有限公司、佛光山文教基金會，聯合主辦一場前所未有的「七誡籃球義賽」。佛光山沙彌學園的出家青年，組成佛光山隊；洪濬哲、鍾小平、魏鏞、韓國瑜、曹爾忠、陳學聖、林瑞圖等人則是民意代表隊的隊員；曾參加過佛光山短期出家的香港明星曾志偉，則號召譚詠麟、陳百祥、泰迪羅賓、吳大維、梁家仁、黎漢持、尹志强、劉勇等人，組織了一支香港明星隊；臺灣的演藝圈也不落人後，趙寧、裘海正、庾澄慶、鄧志鴻、汪建民、周治平、蕭言中、曾國城等人，合組了夢幻明星隊。四隊齊聚臺北，以籃球會友，兩千多名觀衆到臺北市立體專體育館共襄盛舉，義賽所得，全部捐給

戒毒、防毒的相關單位，爲健全社會略盡綿薄之力。

除了籃球義賽，我們也發動全民參與七誡宣誓簽名，到各地的戒護所協助戒毒工作等，都獲得廣大民衆的參與和回響。

這些年來，社會的犯罪率確實減少了，人性的確也提升了。例如，佛光山每年在各地舉行好幾次的在家三皈五戒及菩薩戒會，每次都是數千人參與受戒，可見大家對自我的管理日趨重視。現在大陸同胞到臺灣來，也提到臺灣社會比較可愛，比方排隊、搭車讓座給老弱婦孺、公共場所不喧鬧等。我想，這許多正面的音聲，與佛教舉辦的這些社會淨化運動，多少都有一點關係吧！

慈悲愛心人

從發動「七誡運動」的時間再往後推移，一九九七年四月，臺灣發生一起震驚社會各界的「白曉燕案件」[注]。這個事件令被害人的家屬痛不欲生，整個社會也爲之沸騰。案發期間，媒體每天追蹤報導這一樁慘案，對於綁匪集團的動向緊迫盯人，今天逮捕一個，不久又在哪裏逮捕一個，過程像是一部偵探小說。警匪之間，好像以臺灣爲戰場，從南到北，到處蜚言流語，使得整個社會人心惶惶不安。

臺灣是個美麗的寶島，物質生活固然豐富，教育程度儘管提升，道德不增進，總是社會秩序的障礙。有感於大衆面對這起凶殘事件，都一致認爲這個社會有必要增進道德觀念，因此在同年五月，我率領佛光會發動「慈悲愛心列車」活動，並以「心靈淨化、道德重整、找回良知、安定社會」爲宗旨，所有佛光會員當然都是「慈悲愛心人」。

「慈悲愛心人」這個名稱，顧名思義，是要大家做一個慈悲的愛心人；如此一來，不但自己獲得健全，家庭

也獲得美滿，社會變得安全，國家形象自然會提升。

「慈悲愛心列車」以環島街頭佈教的方式，展開全臺性的巡迴宣導。我們從臺北出發，分兩條路綫行進：一條路綫經花蓮、臺東到達高雄；一條路綫從臺北沿桃園、新竹、臺中，到達高雄佛光山。也有的人從臺北乘車，在一節一節的火車上一路宣講到高雄；有的人沿著公路，一路上換乘車輛，不斷地播撒慈悲愛心的種子。活動區域徧及全臺，深入大街小巷、街坊鄰里。只要肯得接受「慈悲愛心人」的理念，不論是在市場、街頭、火車站、學校、工廠、監獄，兩千位的慈悲愛心宣導師都非常樂意前往宣講。它的內容如下：

一、開車不喝酒，喝酒不開車。
二、好友不勸酒，勸酒非好友。
三、煩惱不上牀，心寬福壽長。
四、包容無心過，積福遠災禍。
五、好話是供養，讚美出妙香。
六、出門說地方，親人心不慌。
七、酒色不沈迷，盜賭不流連。
八、不說是非話，不聽是非事。
九、歡喜結人緣，融和無怨言。
十、見面多微笑，煩惱都拋掉。
十一、關懷殘疾苦，纔是大丈夫。
十二、大家來環保，汙染自然少。
十三、身安茅屋穩，知足天地寬。
十四、人人做義工，家家會興隆。
十五、寬恕是良藥，施捨會快樂。
十六、幫助受刑人，行義又行仁。
十七、凡事莫慌張，多爲別人想。
十八、常常買好書，天天看好書。
十九、用心要慈悲，行事要方便。
二十、人人有愛心，社會多温馨。

「慈悲愛心人」最初是以佛光會員爲傳遞慈悲愛心的種子，後來感召了各地政要官員、青商會、生命綫、獅子會、基督教門諾醫院等團體紛紛響應。記得在同年的十月五日，我們有八萬人在「中正紀念堂」的廣場誓師，要做「慈悲愛心人」，數十個友教團體也共襄盛舉，連戰先生更親自出席主持大會。誓師之後，隊伍從中正紀念堂起步，展開「慈悲愛心」的和平遊行，我也跟著衆人的隊伍步行六公里到臺北「中山紀念館」，一步一願，願社會充滿光明希望，願社會擁有安定和諧。

後來「白曉燕案件」破案，陳姓兇手終於伏法。記得最後歹徒在陽明山挾持南非駐臺的官員卓懋祺（McGill Alexander）一家人，那天晚上，電視不斷地實況轉播。當時我在臺北，心裏很想前往陽明山和兇手面談，但是那時候信徒衆多，你一言他一語，正當爭議的時候，我們看到臺北市刑警大隊長侯友宜先生和謝長廷先生進入官員的住宅，和兇手面談，謝先生以律師的身份答應爲他辯護，陳姓兇手終於棄械投降，俯首就擒。

其實，社會是很需要「慈悲愛心人」這類的活動。慈悲愛心人，就等於勸善組織，可以讓民衆培養仁愛之

心。若是民間出錢出力，當局能輔以有力的支持，長期延續下去，也不必要規模很大，細水長流，涓滴穿石，社會安定的基礎將更形厚實。

三好運動

一九九八年四月，當佛陀舍利從印度經泰國恭迎到臺灣的時候，我忽然想起「說好話」的問題。

在佛陀的三十二相好中，有一個「出廣長舌相」，指的是佛陀的舌頭伸出來，可以覆蓋臉面。要修得這一相，必須要三大阿僧祇劫不妄言纔能證得。佛陀經過累世的修行、說法，而具有「廣長舌相」，自然無話可講，但佛陀的「出廣長舌相」，不單是消極的不說妄語，還要說真話，說實話，所以，《金剛經》提到，佛陀是「真語者、實語者、如語者、不誑語者、不異語者」。佛教對中國人的思想、生活，影響最大的，就是要明因果，不要造業，所以自古以來，常可以聽到教誡人的這麼一句話：「不要造口業。」口業，有妄語、兩舌、惡口、綺語四項，在十惡業中就占有四項；反之，在十善業裏，也包括了不妄語、不兩舌、不惡口、不綺語這四個善行。

說到造業，能守好口業，對善良社會的建設，對人生道德的成長，都有很大的功用。所謂「欲知過去因，今生受者是。欲知未來果，今生做者是」。我們今生的命運好壞，乃至來生的禍福，都是自己的善惡業力所造成。

業力，就佛法的觀點來說，有所謂身、口、意三業。身，可以做善事、造惡業；口，可以說好話、說壞話；心，可以有好念、有惡念。業的來源，源自於身、口、意，所以身、口、意稱爲「三業」。人生要想道德健全，要修身、修口、修心；人生要有美好的未來，當然更要修身、修口、修心。佛經裏說的「勤修戒定慧，息滅貪瞋癡」，是成就一個善良民族必要的條件，因此我就想到要發起「行三好」的運動。具體內容，就是身做好事、口說好話、心存好念，身、口、意三業健全，人生必定圓滿，社會必定吉祥。

我提出「三好運動」以後，社會上一些團體單位也有意跟進，於是有的人提出「做好人、做好事、存好心」，但這是不夠的，因爲遺漏了「說好話」；還有人說「做好事、存好念、行好運」，這也不圓滿，因爲佛說的身、口、意，是悟道者的發言，內容不能更改。有感於「三業」對我們的人生實在重要，於是我又做了一首「三好」的短歌：

人間最美是三好，學會三好最自豪，
做好事，說好話，存好心，三好無比好。
你看！做好事，舉手之勞功德妙，服務奉獻，就像滿月高空照；
你聽！說好話，慈悲愛語如冬陽，鼓勵讚美，就像百花處處香；
你想！存好心，誠意善緣好運到，心有聖賢，就像良田收成好。
臺灣，臺灣，臺灣是寶島，
大家一起來，人人學三好；
你做好事，我說好話，他存好心，
你也好，我也好，他也好，
大家一起好，平安就是我們的人間寶。
人間最美是三好，實踐三好最重要。

我將「三好」的內容和做法建構好以後，就在一九九八年交給佛光會，做爲佛光會推行淨化人心的社會運動。承蒙連戰先生率先帶頭宣誓「三好」，後來馬英九先生也幾度在佛誕節暨母親節聯合慶典上，宣誓要「行

三好」，推動「三好運動」。

其實，「行三好」很簡單，不要花錢，也不需要什麼特別的宗教儀式，這是做人的根本；要愛護自己，就必須做好事、說好話、存好心。例如：家庭中，如果每個人都注重自己身、口、意的表達，必定帶給全家幸福歡喜；如果把「三好」推廣到社會，整個國家社會就會一片和樂。如果三好能夠實行，則每個人都能成為好人，所以「三好運動」，就是「好人運動」。

而現在「三好運動」，已經成為國際性的運動。在全世界有心人的口邊，「三好」的內容朗朗上口，真是美不勝收。臺灣、馬來西亞以及紐約的年輕學子，依著各自喜歡的音樂風格，譜出不同曲調的《三好歌》，甚至在大陸的一次論壇上，我聽到青年學生唱著《三好歌》，並加上舞蹈來表達，獲得上千位聽眾熱烈的共鳴。尤其國際間，青年們傳唱的《三好歌》，至少有五種以上的版本，其他像是大專青年的三好創意短片甄選、中學生的三好領袖培訓營、小朋友的三好發光繪畫比賽、老人家的三好啦啦隊等活動，都在世界各地得到熱烈的回響。

現在，「三好校園」運動也列入「公益信託教育基金」的推動項目之一，由曾任「教育部長」的佛光大學校長楊朝祥教授擔任主委，鼓勵全臺的學校推行三好教育。每年對具體落實「三好運動」的學校給予特殊獎勵。二〇一一年獲獎的高中職校，有「建國中學」、四維高中、普門中學等，連同小學和中學，一共有二十八所學校獲選。如果這個獎項一直舉辦下去，成為一種社會風氣，那就不只有「三好校園」、「三好教育」，更會有「三好臺灣」。

目前，佛光會為了推動會員「行三好」，希望家家戶戶成為「三好人家」，想到自己老邁，無以貢獻，我便寫了多幅「三好人家」一筆字，贈送給這許多得獎的三好佛光人家。惟願「三好」的理念，能藉由家庭薪火相傳，進而擴展到社會、國家，甚至到全世界。

媒體環保日

多年來，我們一直在推動環保，全世界佛光會的會員、信徒，舉凡掃街、淨灘、淨山、植樹等保護環境生態的活動從不落於人後，而且是甘之如飴。近年來，我提出「環保與心保」，呼籲大家要共同來愛護我們的地球，不要任意開墾山林，砍伐樹木；也要去除不當的放生，改為正面的護生。

其實，不只是環境需要保護，行為的環保、語言的環保、心靈的環保都很重要，特別是媒體，更需要重視文字語言的環保。在一個追求文明的國家裏，媒體應該擔當傳播文化、引導大眾追求真善美的使命；但是，有些媒體為了搶頭條，不顧職業道德，不僅二度傷害當事人，也顯示出社會輕義趨利的不當風氣；有的媒體報憂不報喜，報導立場不夠客觀公允；更有甚者，還出現未經查證的不實新聞。每天打開電視，翻開報紙，都是令人心驚、存疑的畫面。生活在這樣的環境裏，心靈怎麼會寧靜呢？

近幾年來，我深刻感受到媒體染汙大眾的思想，所以有一次在對媒體記者講話時，就說了一句話：「口中有德可以救自己，筆下有德可以救社會。」後來我囑咐《人間福報》與人間衛視率先於二〇〇二年九月一日，在臺北大安森林公園共同發起「媒體環保日、身心零汙染」的活動，帶動媒體一同「做好事、說好話、存好心」，同時宣誓「不色情、不暴力、不扭曲」，希望能藉此喚起媒體自律，還給社會大眾，特別是孩童和青少年一個清淨的社會。當日，各大電視臺與報社都簽名參加，當時的市長馬英九先生也親自蒞臨參與。

二〇〇六年七月，我們創辦的人間衛視經閱聽人監督媒體聯盟評鑑，獲評為全臺唯一優良頻道；《人間福報》走過報業的低迷期，也邁向第二個十年；二〇〇八年起，佛光山人間通訊社，為了報導世界各地的真善美新聞，聘請專業師資和經驗豐富的媒體人，開始培訓新聞寫作暨攝影義工。佛光山人間大學在二〇〇九年，更進一步開辦媒體傳播教育學苑，培養具有國際視野、關懷社會的青年學子，長期投入新聞相關工作，這些都是

推動媒體環保的具體行動。

當「教育部」將「媒體素養」列入小學、中學、大學的課程綱要同時，我們這些年來的努力，也讓佛教徒可以更有信心地為社會國家創造永續優質純淨的媒體環境，並守護社會大眾及下一代的心靈。

世界佛學會考

除了推動社會運動，我也想到了對社會展開佛法的弘揚，推廣佛化社會運動。在這些運動當中，我倡導「人間佛教讀書會」，光是在臺灣，就成立了兩千多個讀書會；在馬來西亞，有五百多個讀書會。至今「人間佛教」讀書會在世界各地，都有佛光人積極推動讀書運動。說到讀書會的起源，可以追溯到一九九〇年，我發動舉辦「世界佛學會考」說起。

「世界佛學會考」最初是從臺灣起步，由佛光山文教基金會主辦，慈惠法師、依空法師負責執行。參加者多達百萬人，包括各級學校、各種公職人員，如：國民黨「社工會」主任鍾榮吉先生、「立法委員」潘維剛、丁守中等，還有不少縣市長，如：高雄縣長余政憲、花蓮市長魏木村、基隆市長林水木等人，都曾參與過佛學會考。後來，佛學會考又從臺灣擴大到全世界，試題也由中文翻譯成英文和各國的語文。

我的目的無他，主要是鼓勵大家多研讀佛書，以淨化個人的精神內涵。如果大家都能藉由讀佛書，「勤修戒定慧，息滅貪瞋癡」，甚至進而皈依三寶，受持五戒，奉行六度十善，這個世界必然會更祥和、美好。參與「佛學會考」的對象，不限於某一團體、某一基金會、某一國家，不拘年齡、宗教信仰、學歷，只要有心的人都可以參加。佛學會考的內容，是人類良知的表白，就好像一面鏡子，可以藉此反觀自照：在人生的道路上，我對於真理，我對於道德，相應了多少？能夠從中省思，必定能對自己的人生帶來啓發與增長。

然而佛學會考剛開始推動時，曾有異教徒向「教育部」抗議，當時的「教育部長」吳京先生也指示「佛學不可以進入校園」。現在吳京先生已經過世了，假如吳京先生還在的話，我要說「吳京先生你錯了！」因為佛學不是佛教。佛教在寺院裏、在信徒心中；佛學是學問，是道德，是自心，是無處不在，無處不有的。所謂「佛光普照」，你能不要光明嗎？所謂「佛日增輝」，你能連太陽都不要了嗎？所以我覺得，不要將「佛學會考」與「宗教」畫上等號，應該把它視為社會的道德科目，多多給予鼓勵纔是。

記得舉辦佛學會考時，所有試卷都是一卡車一卡車運送到各個試場，有針對小學生而製作的漫畫題庫；不方便寫字的老菩薩，也提供無障礙的口試問答考場，考場中還有監考老師。還有一位家庭主婦蔡紅彩女士，當她聽到佛光山要舉辦「世界佛學會考」，覺得很有意義，便自願擔任義工。考試當天，她到一所小學協助監考，意外的是，小朋友進入試場時都向她行禮說：「老師好！」鈴聲響起，大家安安靜靜地開始作答，只有她內心非常激動，從來沒想過自己會被稱為「老師」。考試結束後，她說：「佛學會考真是太溫馨了！」

佛學會考得高分者，除了有獎品以外，《聯合報》、「中國時報」每天有數個版面刊載名單，一個版面就多達數千人，佛學會考所引起的熱烈回響，可說是濟歟盛哉！

曾任「監察院長」的陳履安先生就說了：「我們都考過試，誰不是愁眉苦臉的？唯有參加佛學會考的人是那麼快樂，而且年紀愈輕愈快樂，有些孩子十五分鐘就答完了，問他們『緊不緊張？』『不緊張。』『好不好玩？』『很好玩！』哪有考試會好玩的？唯獨佛學會考。」官員、教育界的校長們都很訝異，想不到考試能考得那麼歡喜。不錯，我們就是要把歡喜佈滿人間。

百萬人興學

在很多的社會運動當中，「百萬人興學」運動可說是最難能可貴的運動了。

我一介貧僧，平生不積蓄金錢，就是靠版稅、義賣「一筆字」的費用捐給佛光山用來興建社會大學，也只是杯水車薪，無濟於事。但我知道，社會上有很多的善良人士、升斗小民，他們雖然没有財富，但是對於做善事、做好事卻很有心，基於這樣的理念，我大膽地先籌措經費，買了土地，然後向社會大衆呼籲，我要辦大學。每個人每月只要出一百塊錢，爲期三年，我稱之爲「百萬人興學」運動，每個人出一百元，三年期間就有三十億。

在這樣的號召之下，南華大學成立了，佛光大學也開辦了，甚至遠在美國的西來大學，澳洲的南天大學，都因此登上國際學界，向世界招募學生。

我不敢與許多興學有成就的人相比，我只想效法「武訓興學」的精神，難道出家人裏面，就没有像武訓這樣的人嗎？對於發心參與「百萬人興學」的人士，我們都一一將他們的名字刻在石碑上紀念，功德芳名綿延一公里以上，碑牆也成爲學校一個特殊的景觀。

「百萬人興學」運動裏，有很多感人的故事。如：小朋友把一個撲滿搬來，説他要興辦大學；留學澳洲的青年王上元，捐出自己所有的獎學金來響應；來自美國五歲的錢艾文，新春期間由父親陪同，在佛光山山門口，寫著剛學會的中文「佛自在」義賣，一張臺幣五塊錢，感動許多人紛紛慷慨解囊；有的老太太想到辦大學要緊，把棺材本也捐出來。

年屆八十的胡隨女士，因早年未能接受教育，心有遺憾，於是發心勸募，直到八十七歲，往生前托付給女兒林銀英，女兒很孝順，會帶母親去佛堂，但自己不願意進去，母親捨報後，爲了完成母親的心願，不但繼續護持佛光大學，也加入佛光會，目前已經是佛光會督導長。高江鳳嬌女士，今年八十歲，十多年來，已勸募逾三千多人加入興學行列，她説，只要想到很多學生在教育殿堂獲得知識，就覺得一切都很值得。

對於這許多發心勸募，一百塊、一百塊去收取興學功德的會員們，我覺得，他們這種發心、這種善行，不正是菩薩道的精神嗎？

對於「百萬人興學」運動，也有人説：「一百塊錢一個月，三年三千六百塊，我一次給你好了，免得以後麻煩。」但是我不要，我一定會一個月去跟你收取一百元，要讓你記得你是一個捐款興辦大學的人。就等於背書一樣，你要記得你是大學的百萬人興學委員之一。臺灣兩千三百萬人，假如有百萬人興辦大學，這些人必定是有德之人、有道之人。這對社會的淨化、美化、升華，不是有很大的貢獻嗎？

於是，我就發想要在佛光大學興建「百萬人興學紀念館」，主要目的是爲了樹立感恩典範，感謝這羣社會各界興學委員，長年來對教育的護持與貢獻，以及發揚慈悲喜捨的精神，因爲透過百萬人的力量來興建大學，是社會上少見的「人間奇跡」。去年（二〇一〇年）八月我到佛光大學主持安基儀式，當時我們邀請了「教育部長」吳清基、國民黨副主席蔣孝嚴等多位貴賓，還有四位勞苦功高的興學委員高江鳳嬌、陳嘉隆、趙鈞震、宋秀喜，現場也來了將近六百位興學委員。這座紀念館内部空間除了有百萬人興學委員會紀念館、佛光山宗史館、校史館、學術會館、禪堂（學生心靈會館）與滴水坊之外，未來也將提供世界各地的學者、教授與學生進行多元化學術活動。

我不知道辦大學的投資，就像是一個無底的深坑。過去人們以爲辦大學就好像經營企業，可以賺錢，其實不然。像現在我辦大學，至今雖還有人繼續贊助「百萬人興學」，但是每年，我對於每所大學上億元的補助費、建設費，仍感到力有未逮。「百萬人興學」的理想並不容易達到，但是我們帶著信徒做月餅、烙餅、醬油、宜

蘭豆腐乳；在臺北、彰化、臺南、鳳山、佛光山等地，我們的佛光會員、信衆力行環保，在烈日之下、在穢氣之中與蚊蠅奮鬥，積極實踐資源回收，每個月竟也能有幾萬元來贊助興學。

我一生沒有做過賺錢的事業，都是一再的賠本，別人辦電視臺都能賺錢，因爲有廣告收益；可是我辦的是公益電視臺，沒有廣告，每個月籌款之困難，真是不足爲外人道。我辦報紙，甚至當今報業蕭條如是，多少人勸我不可以辦報紙，因爲那是一片商場競爭的「紅海」，但我投身進去就不會再回頭，十多年來，日日難過日日過。辦大學也一樣，從西來大學開始，已經二十年以上，就是南華大學、佛光大學，從申請、核准到今年，也已經有十五年以上了。

我們的畢業生，都應該知道我們的教育和一般社會教育有什麼不同。我們辦學不是商業交易，也不是沽名釣譽，而是真正要讓現代青年接受以人文素養、社會關懷爲主的大學教育。現代的教育專家們或許認爲我們不懂教育，到這個時代還辦人文科目？但我認爲，教育不只是培養青年學子的技術、能力，主要是讓青年學子有聖賢之心，願做道德之人，這樣的教育對社會纔有幫助。

我們相信，「百萬人興學」是「把大學留給社會，把智慧留給人間，把功德留給信徒，把成果留給時代」，當很多人看到佛光大學的美景，流連忘返，讚嘆不已時，我心中所繫念著的，卻是那許許多多百萬人興學的功德主們，他們真是人間的聖賢、人間的菩薩。

公益基金

在我八十五歲的時候，心中始終還掛念著：「我還能爲社會、大衆做些什麼事？」後來決定成立「公益信托教育基金」，同時也跟徒衆們宣佈：「你們去發展佛光山，我要去成就社會公益了。」所以，我在臺灣銀行成立公益基金賬户，每個月寫書的版税，點滴匯歸到銀行，做爲公益信托教育基金。

從二〇〇八年起，公益信托教育基金開始舉辦獎勵社會各界的各種項目。例如：媒體界的「真善美新聞傳播獎」、「全球華文文學獎」、「三好實踐校園獎」、「教育獎」等，未來還將繼續增設其他獎項。

爲了使獎項發揮專業的公信力，從獎項名稱到評選制度，我們都邀請各界先進前來主持。以鼓勵媒體人的「真善美新聞傳播獎」來説，我邀請天下文化創辦人高希均擔任主任委員，「資政」漢寶德、臺灣紅十字會總會長陳長文、董氏基金會董事長謝孟雄、「中央大學」認知神經科學研究所所長洪蘭、公益平臺文化基金會董事長嚴長壽、大小創意齋創意長姚仁禄、趨勢科技文化長陳怡蓁等社會賢達擔任遴選委員。我樂見其成，尊重授權而不予過問。同時，內心也感到十分欣慰，有這麼多人願意爲臺灣媒體盡心盡力，這件事本身，不就是真善美的聚合嗎？

雖然這些獎項每年要支出許多的經費，但我一定會想辦法籌募，讓辦理這許多獎項的教授、學者先生們放心，也讓社會各界默默耕耘的各方人士，能得到公益信托教育基金的助緣，爲社會發揮更多善美的力量。

公益信托教育基金來自於十方，目前在「佛陀紀念館」的「六度塔」內，有設立我的「一筆字」義賣專區，義賣所得悉數歸入公益信托教育基金。承蒙各界人士的愛護與支持，迄今也得到不少人的支持與響應。例如：日前（二〇一一年十月二十日）由北京企業家組成的「國學經典研修團」到「佛陀紀念館」參觀，當他們瞭解公益信托教育基金的宗旨之後，都很樂意和十方大衆結緣。當中有尚若集團總裁楊大勇請了「當仁不讓」、「花好月圓」；撫順市金熙公司董事長李淑傑選了「明心見性」、「惜緣」、「心如明鏡」；中航空港混凝土公司總經理王曉敏歡喜「有您真好」，他們總共義買了十五幅的「一筆字」。其他還有像泰富電氣集團董事長楊天夫、女性企業家俱樂部武紅、上海復星集團董事長郭廣昌、鑫恒鋁業集團聯席董事長李涵、陝西知名企業家劉樹懷、中

國光華科技基金會公共事業主任趙冰、海南航空集團董事局主席陳峰……等很多的企業人士，都熱心響應。可見只要是爲了社會國家，公益信託教育基金一定不虞匱乏，所以我有信心，這樣的社會公益可以永續發展下去。

結語

這許多的社會運動，雖然期限有長有短，但必定都發揮了一定的影響力，它讓大家知道，這個社會上還是有很多人關心社會，他們不一定都是大富長者，像平民老百姓發心捐獻的一塊錢、一百塊，同樣是助長社會的好人好事。

期間，我們也陸續發起許多運動，如：「禪淨密三修法會」、「佛光山假日修道會」，讓一些公務人員可以利用假日到寺院修持。現在每週日舉辦的「福慧家園修道會」，又再繼續維繫這些運動於不輟。其他，像三皈五戒、短期出家、佛學講座、學術會議、青年團、國際青年生命禪學營等活動，在佛光山蔚然成風，確實很豐富。加上國際佛光會的推動，每年從臺北到高雄，那些萬人以上的集會，無非是希望讓人們在生命中，能有一天或一時，和兩千五百多年前的大聖者佛陀有交會的時刻，讓心靈回歸佛陀時代。現在又有了「佛陀紀念館」落成啓用的因緣，今後像「回歸佛陀時代」這類的弘法運動，我們必定會繼續進行下去，讓正法能永住世間，延續不斷。

〔注〕一九九七年四月，臺灣演藝界名人白冰冰女士十七歲之女白曉燕小姐，遭歹徒綁架勒索，淩虐致死，震驚社會各界，爲臺灣有史以來最重大的刑案之一。

我怎樣管理佛光山

常有人讚嘆佛光山的管理有序，是一個無諍的團體，就問我：「你是怎麼樣管理的？」一時之間，叫我還真難以回答。因爲「法無定法」，管理哪裏有一定的成規呢？假如要說有根據的話，那就是佛教的戒律了。但是佛教的戒律，又由於地理、時代、氣候、習俗等等不同，也不能一以概之。若說要用清規，也由於人員的不同、事業的不同，各種性格，爲了適應種種差異，需要有所變化。

因此，「管理」沒有辦法用一個法就可以來總括說明，全在於一種「存好念」、「與人爲善」、「從善如流」，一切爲人去設想。

就好像政治，它是爲民服務的，不是用權力來壓制的；如果是服務的政治，一定是皆大歡喜；反之，壓制的政治，必定也招致反抗。所以我常說，我的管理學完全是順乎自然吧！因爲我總想，天有天的性格，地有地的性格，人有人的性格，物有物的性格，你能順應天時、地利、人和，並且活用，那就會皆大歡喜了。

臺灣大學曾有人發起要我去講授「管理學」，很慚愧，你要我講說，我還真不知道從何講起，因爲我平常待人處世，大概只有一個「誠」、一個「理」，講究信用、講究尊重，若要講學術理論，我就不知道如何講了。

一般講管理，大概不離管財、管事、管人；其實，人在世間上不是一定爲金錢來服務的，錢再多也不能滿足人的欲望，我想，給人尊重，給人方便，給人歡喜，那是最容易讓人滿足的了。所以我跟人相處不容易起紛爭，主要是因爲我總是因人、因事、因種種的不同，而給他適當合理的交代就好了。

說到「管理」，我的管理就是「不管理」。這句話聽起來好像不太合理，不管理的社會團體，不是更混亂嗎？其實不然也。道家講「無爲而治」，佛教講「自我覺悟」，每一個人能夠自我覺悟，就是自己管理自己，每一個人都是管理師，何必要什麼「管理學」呢？

現在的時代，管理學非常普徧，有學校管理、醫院管理、工廠管理、財務管理、人事管理……到處都是管理學。管理學的類別很多，其實真正的管理，就是「不管理」。因爲有的人越管理越亂，不管而管，纔是高招；再者，管理的人固然要高竿，被管理的人也不能太自我，被管理的人要靈巧、要有自覺，這樣就好管理了。如果一個再好的領袖，遇到愚鈍者，他也會束手無策，或者優秀幹部，遇到不好的主管，他也難以發揮才能，這對雙方而言都很麻煩。所以，管理不是個人的事情，是需要團隊一起成就的。

好比有一次我在美國西來寺，有一個徒衆反應不過來，我問他：「你學什麼的？」他說：「我是學管理的。」我就想到，管理財務容易，因爲金錢不講話；管理事務也容易，因爲事也不講話；管理人這就很麻煩了，因爲人有意見，有看法。但事實上，管人也還容易，真正難管的是管「心」。所以我常說，管理的最高境界是「心」的管理。

說到管理，無論是金錢的管理、人事的管理、物品的管理，要想到管理，一定要瞭解到「因果」，所謂「因地不正，果招迂曲」，如果你一開始沒有把方法、制度訂好，當然問題就會不斷地發生；假如事先訂定的法制，都能夠適合大家的需要，後面的情況就自然簡單無事了。

金錢的問題，在佛教裏，連沙彌都要受持「不捉持金銀寶物」，這在過去社會的僧團，沒有銀行存款儲蓄的問題，當然可以做得到。但是，現在時代不同了，需要有合理的經濟，纔能有合理的生活。我自己出身貧苦，養成不要錢的習慣，但也有人窮苦多了，需求多了，就養成了貪婪的習性。所幸，我因爲「空無」已經成爲生活的重心，所以在金錢上，我也以「空無」來對付。

但是，個人可以空無，建寺安僧就不是空無能解決，必須要有一個健全的財務管理制度。而我的財務制度

就是：「有權力的人不可以管理金錢，管理金錢的人不可以擁有權力。」也就是說，有權的人用錢，要用得有理；管錢的人沒有權，管理也要管得有分寸。

佛光山早期的一級主管，他們參與建寺開山，有人負責建築，有人負責教育，有人負責文化，有人負責生活，他們都握有很大的權力，但是他們不能涉及到金錢的存取。金錢都由小職事擔任管理，而這個負責管理金錢的人，受有權力者的節制，使用的時候，有權的人不能隨便動用金錢，一樣要經過層層的溝通，纔能動用大筆的金錢。

初期，我對教團的錢財是怎麼管理的呢？曾經我把錢放在屏風後面，集合徒衆，對他們說：「你們要多少錢，就到屏風後面拿。你拿一塊錢，我不會說你拿得少；你拿一萬塊，我也不會說你多拿了。錢，是給你們用的，你覺得自己需要用多少錢，可以到屏風後面去自由拿。」所謂「各取所需」，就是用錢之道。

其實，徒衆們都知道常住的財務是很艱難的，所有的物資都是來自十方，也用之於十方，特別是開山四十多年來，一直到現在，常住一再的建設、工程，可以說，天天都在張羅款項，常住大衆誰敢浪費金錢呢？

我主要的意思，不是要讓大家不買、不用，但是在常住裏，已供應我們有吃、有穿、有日常用品，也有醫療制度，金錢對我們來說還有什麼用處呢？所以我記得，從五十年前一百多位徒衆，到三十年前一千多個徒衆，循序走到最後，放在那裏的十萬塊錢，都沒有減少多少。

所以在佛光山，不當的使用金錢、或貪汙……一概沒有這種事情發生。這都是因爲小職事把關，有權的長老使用金錢的時候，他們也會向常住依規定申請處理，財務清清楚楚，纔能讓有權力的人不隨便使用金錢，大家纔能相安無事。因此山上的職事，從當初的心平、慈莊、慈惠、慈容等，他們沒有跑過銀行，也沒有記過賬目，大家都只是想到常住沒有錢，必須克勤克儉，佛光山纔能有未來。

關於財務的運用，我是覺得國家應該要富有，我們團體應該要貧窮，特別是寺院道場。所以我的信念是要「讓佛光山窮苦」，窮苦纔能生存長久。

因爲金錢可以成事，也可以壞事，如果錢多了，會生事端，就會產生不肖的子孫，好比很多的有錢人家子弟，就是因爲錢財太多，沒有好的結局，這就是我主張佛光山要窮的原因。沒有錢、貧窮，佛光山之所以無諍，這就是最重要的理由。所以數十年來，都沒有人敢在佛光山說要當家管錢。但假如有存款了，也要周告大家，讓大家知道應該要如何運用，必須集合衆議，纔能動用大額的公款。

不過，「不要錢」不是很圓滿的觀念，要知道即使有錢也是大衆的，不是自己的。所以，有時錢來了，你也不能隨便就把它花費了。

因此，我想到一些花錢的事業，那就是辦大學、辦電視臺、辦報紙等文教事業。這些都是無底深坑的事業，無論貼下去多少錢都不夠用，所以佛光山永遠都要爲了要辦這些文教事業，同時又要辦救濟、辦施診醫療、辦養老育幼等等而努力，因此，佛光山幾十年來一直鬧窮。

但是，沒有關係，窮纔會奮發、窮纔有力量、窮纔肯上進。如果你貧窮，又不奮力上進，大學就沒有了，電視臺就沒有了，報紙就沒有了，一切都沒有了，你還能生存嗎？所以佛光子弟都知道自己的任務，任重道遠，大家都得努力撙節開支、開源節流、大公無私，一切以社會服務爲主。

貧窮還有一個好處，有的人一有了錢，修道就會出問題。例如：你稍微管理他嚴格一點，他就生氣，一生氣就走了，或者賭氣說：「我有錢，我自己到別處去建寺廟。」或者說：「我可以買飛機票到國外去旅行，我不要受你管理。」這樣就不能安住守道，這個人就會因爲有錢而失敗。相反的，假如他貧窮、沒有錢，無處可去，可能他忍耐一下，過了明天，事情又有不一樣的情況了。

所以，有錢會作怪，必須要有大道德、大智慧、大慈悲、大包容、大根器的人，纔有資格擁有金錢。如果金錢用之於公家，用之於大衆，大都平安無事；假如用於自己，有了錢，會使人自私好吃，有了錢，會使人懶惰玩樂，一個好吃、自私、玩樂、懶惰的人，你說，他還會成器嗎？貧窮、淡泊是美好的生活，尤其一個修道的人不可以有錢，這是不變的原則。因此，佛陀一直警告我們要「少欲知足」，就是這樣的道理。

金錢不要是可以的，但是你要有道德、你要有學問、你要有能力、你要有智慧、你要有慈悲，因爲那許多都可以化爲金錢。就等於世間上的人，有的人只喜歡向錢看，其實比金錢重要的更多。例如健康，你有錢不健康，有什麼用呢例？如歡喜，你有錢不歡喜，有什麼用呢？例如平安，你有錢不平安有什麼趣味呢？

所以，健康、歡喜、平安、幸福比金錢重要。你不可能用金錢來換取自己的健康、歡喜、平安、幸福。金錢多了，不見得幸福歡喜，要從平淡的生活裏，找到幸福歡喜。就是有了錢，這也不會妨礙我們人生的觀念，不依金錢作威作福，不依金錢恃財傲物。

二〇一二年十二月二日，世界佛教青年會一羣比丘在佛光山傳燈樓問我：「你怎麼替佛教擁有這麼許多廣大的事業？」我說：「那許多事業都是大家的，我自己本身只擁有一個『空無』。」這是他們不容易瞭解的。

假如我個人有貪圖的心，或者覺得這是我自己的錢財，我就會存到銀行，我就會去買股票，我就會去放高利貸生利息……經營種種與錢財有關的事。

但是我知道，這些財富都不是我的，是十方來的，我應該用之於十方。因此，我是在「空無」的真理中，發展空無的事業，所以纔能越來越大。

儘管如此，這些是不容易爲外人所知的。幾十年來，我没有一張辦公桌，我没有保險櫃，我没有存款，我没用過鎖匙，我也没有開過支票，我没有看過股票，即使我有權力，我也有執行力，但我不能接觸金錢。

儘管我本身實踐「空無」的理想，但事實上，我的收入還算是相當。例如：我的「一筆字」，相傳在大陸慈善義賣上，有人用幾百萬元人民幣標走；我在大陸出版的書籍，入選中國作家版稅富豪排行榜名單內。但實際上，我都没有拿過一塊錢。出版書的版稅收入通知單，還没有寄給我，我就已經把它拿去建大覺寺、建鑒真圖書館了。

此外，我也經常跟其他人結緣。早期我在美國洛杉磯，就經常資助許多在美國留學生，有的信徒知道了，心裏感動，怕我没有錢，塞一包錢給我，甚至警告我說：「你不可以給佛光山，這是給你自己用的。」我的信徒他們怕我没有錢，不怕我有錢，其原因就是我不要錢。

但我自己要什麼錢？我又不養家活口，也没有什麼嗜好，對於這樣熱心的人，我不得辦法拒絕的時候，只有說：「我替你做公益基金。」公益基金的存款就是這樣越來越多了。因此，我創辦「真善美新聞傳播貢獻獎」、「三好實踐校園獎」、「全球華文文學獎」、「教育獎」，希望讓這些錢財「十方來十方去，共成十方事」。

最近，我還想再辦一個「君子獎」，因爲現在的社會，好人不容易出頭；過去滿社會都可以說是君子，甚至滿街都是聖人；現在，我們不知道好人在哪裏？我們不能讓社會風氣頹靡下去，必須讓好人出頭，讓對社會有所貢獻，對下一代有典範、善良的、慈悲的、友愛的影響力等具有君子風範的人被看見、被重視。

在我認爲，金錢不可以拿去造罪業，要把它用在有功德的地方。這是信徒辛苦賺的錢，他們到佛教裏來做功德，我們做僧侶的人，有了點滴善款，爲什麼不可以歸公呢？

當然，講到金錢，也不是空談理想，一味的「不要」，或主張「空無」，但事實上，徒衆們他們要穿衣、要零用、要看病，偶爾也要回家探親等等，他們還是需要一些金錢纔能生活。所以，很早以前，我就規定常住每個月要發給徒衆單銀，發給大家衣單，各種日用品，讓他不至於掛念生活上的缺乏、困難，而可以安心修

道。甚至於我們也鼓勵徒衆一年回家探親一次，禮品都替他準備好，他就不必去掛念。古人有謂：「倉廩足，而知禮節；衣食足，而知榮辱。」我也是讓徒衆先解決生活上的顧慮，爾後，他就能全心全力爲大衆服務了。

另外，我也替佛光山人衆和佛光會的人事關係，訂定一些共同遵循的規矩。例如：我規定彼此不可以共金錢來往。因爲好朋友常常都是爲了金錢而有紛争，爲了金錢而有意見。又例如：在佛光山可以接受信徒的捐獻油香，但佛光會只可以收取會員固定的會費，不可以自由捐獻募款化緣。

在佛門，我們講究因果觀念，每一個僧侶，他都懂得金錢與因果的關係，所以佛光山真正的賬簿，就掛在牆壁上，捐款芳名都可以讓人看得到，讓人瞭解。

這以上所説，就是我對財務管理的觀念。

再來談談我對人事安排的一些想法意見。

説到人事的管理，在佛教裏，爲人所詬病的就是，有人出家已經六十年了，他稱作「法師」，如果你今天出家，明天也是有人叫你「法師」，這六十年和一日，怎麼能叫做平等呢？

它必定是平等中有差別，差別中有公道，這纔是真平等。所以，凡在佛光山出家者，我們就以他們的學業、道業、事業，來分別制訂序級，而不是以年資爲唯一的標準。

序級有：清淨士、學士、修士、開士、大師等五級。如果你是初入道的，就是清淨士一級；如果已完成大學學業，可以是學士一級，如果是碩士、博士畢業，具有專才，視其能量、發心，也可以升至學士二級。原則上清淨士有六級，清淨士之後，受了戒，就可以進入學士了。

學士是每兩年升一級，共有六級；接下來是修士，每四年一審，共三級；修士之後到開士，開士則五年一審，有五級。如果二十歲出家入道，經過四十五年，到六十五歲左右，五堂功課正常，對於學業、事業、道業精進，對常住、對佛教有貢獻，那麼就可以升到「大師」了。

我在佛光山被推爲大師，也是經過這些歲月纔慢慢成長的。我出家已經七十四年，今年八十六歲，在我五十八歲於佛光山傳法退位的時候，佛光山的徒衆就議論應該給我一個封號，以區別稱謂。因爲我的學業、道業、事業，都合乎他們評論的標準，大家就稱我爲「大師」。所以，人事的立足點是平等的，可是發展了以後，如「三鳥飛空」，又如「三獸渡河」，大家就各有不一樣的情況了。

佛光山的事業，需要什麼樣級等的人去擔任，都有一個標準，所以設立「宗務委員會」，有各種人事的評鑑；至於人事的升遷，通道也很多，如宗委會、長老、各住持主管、傳燈會等，都可以幫助你。因爲人事公平、公正、公開，還有什麼可以争論的呢？大家都是在人生的馬拉松旅途上長跑，看誰有耐力、看誰有恒心、看誰有毅力，人人都有佛性，但是真正到「三覺圓，萬德具」也不是人人都能到達的！

過去有人説「寧帶一團兵，不領一堂僧」，其實不盡然也。因爲佛陀當初制定「六和僧團」有六個方法，即：一、身和同住：是團隊的和諧；二、口和無諍：是語言的讚嘆；三、意和同悦：是心意的歡喜；四、戒和同修：是法制的平等；五、見和同解：指思想的統一；六、利和同均：是財務的平均。

爲了讓「六和」更生活化，所以我又再倡導人世間的「三好」。三好是指：身要做好事，口要説好話，心要存好念。此外，我也提倡「四給」：給人信心、給人歡喜、給人希望、給人方便。尤其我倡導「五和」，即自心和悦、家庭和順、人我和敬、社會和諧、世界和平。因爲我對於人事最重視的，就是大家不要對立。集體創作，集體成事，有分工，也要有合作，有合作，也要分工；人事是不可以對立，有上下的程式，大家要互助、互諒、互信、互解，纔能集體創作。

在過去叢林的清規裏，凡是舉拳相打、破口相駡，就要開除；或者犯了殺、盜、淫、妄等根本大戒，就要

開除遷單。但是現在的佛光山，我還沒有看到犯根本大戒，也沒有聽過誰有舉拳相打、破口相罵的情況。所以幾十年來，佛光山的人事管理，基本上是建立榮譽制度。大概約每半個月，或是一段時期，就會集合一次，大家話說自己，有過自己舉發，不要別人來說，一般人也都懂得自己懺悔改過。

我回想起來，過去在大陸叢林裏，有一些沙彌犯了過，就罰他拜佛、罰跪香，但我覺得奇怪的是，拜佛、跪香是一種榮譽，是一件好事，怎麼可以拿來作爲處罰的工具呢？

所以後來佛光山的沙彌們，有了過失的時候，我就「罰睡覺」，不准他們拜佛、不准誦經。因爲他是有罪之人，讓他睡在牀上聽著別人誦經唱誦，他的內心會波動，會感到慚愧不已，他就會自覺應該要改過。

我是提倡自覺教育的人，凡事不要人家來指責、來教訓，我們自己就先要有自覺，有了「自覺」，纔能「覺他」，將來纔能「覺滿」，纔能與佛道相應。

佛光山也訂有自己的清規，如：

「不違期剃染、不夜宿俗家、不共財往來、不染汙僧倫、不私收徒衆、不私蓄金錢、不私建道場、不私交信者、不私自募緣、不私自請托、不私置產業、不私造飲食等等。」

我們也自訂有佛光人的性格：

「佛教第一，自己第二；常住第一，自己第二；大衆第一，自己第二；事業第一，自己第二。」

佛光山與其他教界最大不同的地方，是我們建立比丘與比丘尼平等的地位，我們建立僧衆與信衆有平等的待遇，我們成立七衆共有的道場和教團。

在佛光山裏，你不知道某人的身份，你問他住在哪裏，就可以瞭解他的情況。他說他住在東山，就知道這是屬於男衆僧部；她說她住在西山，就知道這是女衆僧部；她說她住在大慈庵，就知道這是出家三十年以上；她說她住在慧慈樓，就知道這是出家二十年以內的；她說她住在妙慧樓，這是小姐、職員住的地方；住在師姑樓，就知道是師姑；住在三好樓，就知道是義工；住在朝山會館、麻竹園，就知道是香客信衆；住在佛光精舍，就知道是養老退休的；在育幼院，就是我們的小朋友。所以在佛光山每個人各有所用，各有所需，各安其所。

我與佛光山的人衆交流，如果是屬於行政方面的職事，我大部分都是開會講話，給予原則指導；對於行單的大衆，我常常親自到現場，看看他們，跟他們講幾句話，見個面。假如信徒送給我吃的東西，聚集到一個程度，我就分給大衆。真正實行佛陀的「利和同均」制度。

在我們佛光山，凡是做住持大和尚的人，一定要領衆熏修，清晨上殿、過堂，五堂功課跟大衆一樣不可缺少。都監院是掌管寺務，供應大衆生活所需，不能有所差錯。在僧團裏，我們和世間的人一樣，到了過年也有圍爐團聚；過年以後，感謝大家的辛苦，我也會舉行普茶（茶敘），讓大家來交流聯誼。

我在佛光山也開辦好幾處滴水坊，如傳燈樓滴水坊、香光亭滴水坊、美術館滴水坊、樟樹林滴水坊。有時候徒衆誤餐，也要讓他有個去處；有時候家人、客人來了，也讓他有接待的地方。人總有朋友、親人，你替他安排好，師兄弟之間，也可以相互交流，讓他覺得身爲佛光山的子弟，有很大的空間，他就會安心辦道。

此外，有著作的人，我有出版社替他出版；寫文章的人，我有報紙、學報替他刊載。傳燈會和美術館還爲徒衆的特殊才藝，舉辦「海會雲來集——佛光山僧衆才藝聯合展」，優異者，我發給他們獎金給予鼓勵。

有一項是我尤其重視的，假如你早課沒有來得及參加，我可以不跟你計較，但是不吃早餐，我是非常不能原諒的。因爲吃了早餐，今天一天的工作、修道纔有了開始。這一切都是人性的管理，人性的生活。

山上有寺務監院，除了寺務行政管理外，還有管食品、管用物等等。管理倉庫的人，經常要向大衆報告倉庫裏的東西，或者在每半個月出刊《佛光通訊》通告。這當中，有一個專欄叫「倉庫在說話」，舉凡常住有什

事務的東西，或者由每半個月出刊《佛光通訊》通告。這當中，有一個專欄叫「常住告白」，舉凡常住有什

山上有寺務監院，除了寺務行政管理外，還有管食品、管用物等等。管理會事的人，經常要向大眾報告說明。因為吃了早餐，今天一天的工作，就這樣有了開始。這一切都是人我的管理、人我的生活。

有一段是我非常重視的，就是你早晚課沒有來參加，我可以不跟你計較，但是不吃早餐，我是非常不能接受的。[illegible]「常會雲來集——佛光山僧眾大聯合會」，參與者，我發給他們獎金給予獎勵。

此外，有著作的人，我有出版社替他出版；寫文章的人，我有報紙、學報替他刊載；喜愛繪畫美術設計的，安排他。有兄弟之間，也可以互相交流，讓他們覺得是佛光山的一分子，有很大的空間，他就會安心辦道。

業務與採購，也要讓他有個去處；有朋友來人、客人來了，也讓他有接待的地方。人總有朋友、親人，總有些

我在佛光山也開辦了滴水坊、[illegible]滴水坊、香光亭滴水坊、美術館滴水坊、菩提林滴水坊，各有圍繞團聚。數年以後，感謝大家的辛苦，我也會舉行普茶（茶敘），讓大家來交流聯誼。

少。滴水坊也要管理茶務，要為大眾生活所需，不能有所差錯。在寺團裏，我們跟世間的人一樣，過了新年也有

在我們佛光山，凡是擔任住持大和尚的人，一定要[illegible]眾務，清早上殿、過堂，甚至比照大眾一樣不可缺席，我給你們大眾。真正實行佛教的「六和僧團」制度。

的大眾，我經常[illegible]，看著他們，跟他們講幾句話，見個面。假如有所欠缺的東西，就拿過一個

我與佛光山的人眾交流，如果是屬於行政方面的事，我大部分都是開會講話，給予原則指導。對於行事

就知道是[illegible]的；在會議裏，就是我們的小朋友。所以在佛光山每個人各有所用，各有所需，各安其所。

聽，就知道是[illegible]；住在三好樓，就知道是義工；住在朝山會館、麻竹園，就知道是香客信眾；住在[illegible]

就說他住在[illegible]，就知道是出家二十年以內的；[illegible]，這是小眾、職員住的地方；住在[illegible]

是屬於學眾會議；他說他住在西山，就知道是女眾學部；他說他住在大慈庵，就知道是出家三十年以上；

在佛光山裏，你不知道某人的身分，你問他住在哪裏，就可以瞭解他的情況。他說他住在東山，就知道

行動。我們成立了大眾共有的道場與教團。

佛光山與其他教界最大不同的地方，是我們建立比丘與比丘尼平等的地位，我們建立僧眾與信眾有平等的

我們也自訂有佛光人的守則：

「佛教第一，自己第二；常住第一，自己第二；大眾第一，自己第二；事業第一，自己第二。」

佛光山也訂有自己的清規，如：

「不違期剃染、不夜宿俗家、不共財往來、不私收徒眾、不私建道場、不私蓄金錢、不私交信者、不私自募緣、不私自請託、不私置產業、不私造飲食等等。」

我是提倡自覺教育的人，凡事不要人家來指責、來教訓，我們自己就先要有自覺，有了「自覺」，才能「覺悟」，將來才能「覺滿」，才能與佛道相應。

所以後來佛光山的沙彌們，有了過失的時候，我就「睡覺罰」，不准他們拜佛、不准誦經，因為他是有罪之人，讓他睡在床上，聽著別人誦經唱誦，他的內心會反省，會感覺慚愧不已，也就會自覺而發露改過。

我回想起來，過去在大陸叢林裏，有一些沙彌犯了過，就罰他拜佛、罰跪香，但我覺得奇怪的是，拜佛、誦經是一種榮譽，是一件好事，怎麼可以拿來作為處罰的工具呢？

開除還單。但是現在的佛光山，我還沒有聽過誰有犯根本大戒，也沒有聽過誰有[illegible]的情況。所以幾十年來，佛光山的人事管理，基本上是建立榮譽制度，大概每半個月，或是一段時期，就會集合一次，大家話說自己，有過自己說，不要別人來說。一般人也都希望自己懺悔改過。

麼東西，都可以在這個專欄内告知大衆，讓有需要的人，可以到寺務監院申請。

寺務監院裏，大家的衣單襪鞋等儲備充分，臨時有一百人或兩百人要出家，都能隨時供應，因爲寺務監院都有各種生活必需品儲備，有專責的人員管理，無有匱乏。

平時，常住每年發給大衆褂褲一套，每兩年長衫一件，鞋襪一年兩雙。現在物質充裕，所以大家也不感覺到缺乏的痛苦；不像過去的叢林清衆，總是窮困短缺的。現在本山的清衆，雖是初出家的人，穿起衣服來也都整整齊齊、堂堂正正的，出家衆走在人前，行住坐卧，都能威儀具足。

山上的米糧、蔬菜來源，也都與商家訂下一定的契約，每週多少米麵、菜量、油鹽，都按時供應。因爲本山一切都有儲存，所以徒衆不必、也不需要用錢，不需要上街購買，真是像西方極樂世界一樣，心想事成、隨意所需、隨行所有。

儘管生活不需要徒衆掛念，但是佛光山所有的徒衆還是養成淡泊節儉的習慣，所以一件衣服，一穿就是幾年，一雙鞋襪，一穿就是多時；我也從來没跟大家宣導要節省，因爲徒衆已經做到了，何必要再加以畫蛇添足的嘮叨呢？

一般人認爲我做事，説得好聽，是很有魄力，説得不好聽，就是很膽大。實際上，我無論做什麼事情，主要是要思前顧後，要脚踏實地，要有必成的把握；凡是對人没有害處，對大衆有利益，要能不得罪人，要能擁護大衆的，我纔會決定做這件事情。

但世間不是全面的，任何好事，總難免有一部分是有異議的，有的時候，這一點就不去計較了。因爲世界上總有人有不同的意見，所以説民主時代，求其多數就好了。

例如：我辦大學，很多人跟我説，這個時代少子化，不適合辦大學了；但是我覺得，教育没有什麼時候是不適合的，只要是人，永遠都要受教育，我也就不去計較是不是時候了。

又好比辦報紙，多少的專家警告我，這時候平面媒體紛紛收場了，你怎麼又飛蛾撲火、自取滅亡？但我覺得，佛教需要一份報紙來傳播，社會需要一個健康的言論，家裏需要一份老少都能接受的報紙。這一份報紙能走進家庭，讓家裏的老少都能共同閱讀而不會感到臉紅。因此，我也就不去思考其他的得失，毅然地就去辦報了。

現在《人間福報》、人間衛視雖然是經營困難一點，但是一路到現在，也是十幾年的歷史了，也没有差其他報社慢一時一分出刊。辦大學，也没有説減少學生，年年只有增加。可見，做一切事情，只要大衆需要、社會需要，不是只爲自己，就能生存的下去。

我個人一直主張，佛教要可以給人家吃得起，像佛陀在世的時候，有所謂「普同供養」的制度。但你也必須要有學有德，纔能獲得别人的供養。假如你懶惰自私，是不會有人來跟你打交道的。

特别是我們出家人，要吃萬家的飯，不可以吃一家的飯。現在，有的佛教徒覺得自己個人有了某某人的護法供養、某某人的支持，他就心滿意足，不肯把佛法再去擴大，再去弘揚，實在很可惜。你縱然有你個人的才華，也不能給少數的人供養把你買斷，這就没意義了。

因此，我們擁有的一切能量，都要把它用到極致，儘管自己本身笨拙，但是佛法給予我們的受用，給予我們的因緣際會，我們應該把它點亮發光，普照世界，毫不吝嗇，讓佛光普照。

我無論做什麼事情，其實都很歡喜和人合作，但也有一些人都很畏懼我，認爲我很霸道，或是怕我吃掉他們。其實没有，到了我這種年齡，審查走過的歷史，我吃過什麼人？我擠退過什麼人？我欠過什麼人？我有愧於什麼人？大家都可以對我做一些嚴厲的批評。

一直以來，我都只是想把自己融入到衆中，讓大家皆大歡喜。如佛陀所說：「我是衆中的一個。」把自己這一粒沙石，融入澆灌的水泥中，它纔能鑄造房屋，纔能成爲有力量的混凝土，纔有堅定的力量。

所以，佛教不重視個人，重視大衆。你說一根手指頭，再怎麼樣有力量，也都不敵五根手指頭合起來的拳頭。同樣的，個人再如何有才華，也總不及三個臭皮匠，如古人所說：「愚者千慮，總有一得。」

我很喜歡「集體創作」，所謂「集體創作」，我們並不是要大家去干涉工作的目標，而是大家只講貢獻，目標應由大家共同決定，不要先存有主觀意識。

許多人認爲的團結，他只想要人家來跟我們團結，沒有想到我們去和人家團結。我個人喜歡和人團結，但是有時候人家不要我們，是怕我們。這也可能是我們自己的缺失，或者是他自己的膽怯，不夠公義，不敢訴諸於大衆。

我對於山上這麼多的單位，大家做得很有精神，感到很欣慰。佛光山全球各單位，可以說數百個以上，這麼多的單位，每一個單位都有主管，每一個主管我都必須授權，讓他可以放手去發揮，不讓他感到縛手縛脚，所謂「疑人不用，用人不疑」，因爲我信任他。

像曾擔任「教育部長」的楊朝祥先生，他肯到我的佛光大學來做校長；林聰明先生，「教育部政務次長」肯到我南華大學來做校長，高雄「中山大學」的吳欽杉教授，他辭去副校長的職務，到我們美國西來大學擔任校長，我都心存感謝，充分授權。

在緊鄰佛光山的義守大學校長傅勝利教授，他是基督教徒，有感於我對教育的行事作風，在他公務之間，經常來佛光山，問我有什麼事要他幫忙服務的，自願要做我們的義工；最近數度到澳洲南天大學指導，貢獻意見。這許多人士，他們都是有情有義的人，不是爲了利益，不是爲了金錢的關係而來。

我一向是尊重人才、授權人才、利用人才，讓人才有所發展。一位年輕的比丘尼覺念法師，我把「人間衛視」通通付托給她，她一做十多年，到今日，能用極少的經費，在許多大電視臺中拚搏，著實不容易。《人間福報》剛創辦的時候，許多都是我們一羣沒有經驗的年輕法師，一參與到現在就是十幾年。目前，雖然已經架構成功，但也要更加發揮影響力，所以我特地邀約《傳燈》的作者符芝瑛女士回來擔任社長，現在的《人間福報》日見進步，發行量也續有增加。

我和信徒是「不共金錢來往」，對佛教，我自認我也是信徒，我有錢，也是捐給常住，我沒有錢，就自己暫時不用，絕不會向信徒借錢，信徒也不會擔心我向他開口。許多信衆，他捐了錢，也不會爲了要名、要求感謝，這就是無相功德。真正地說來，佛光山的信徒，像「千家寺院・百萬人士」建的「佛陀紀念館」，不就是奉行佛法講的「無相佈施」嗎？

關於人世間，我主張無論做什麼事情都不要對立。有一次有一個徒弟問我一生有什麼所長？我就告訴他：「與人爲善，從善如流。」我也敢說，我做什麼事情都是考慮別人的利益，不完全爲自己的立場著想。我不跟人對立，我也善於化除對立的糾紛，因爲我主張人間應該要「皆大歡喜」。所以，像現在兩岸談判，我的意思是：大家都不要有法執、我執，能夠「皆大歡喜」不是很好嗎？

另外，我也不輕易動用義工，我也不敢輕易地勞動別人爲我服務。我認爲人與人之間，不是說一定要用金錢物品去交換往來，我想「情義」纔是最重要的。

但是，光是情義也不足，因爲「皇帝不差餓兵」，凡是年輕的人，或者是一些沒有事業的人，他來爲常住服務，我們也必須要替他想一想，肚皮應該要吃飽，他纔有力量奉獻。

我在佛光山跟徒衆相處，我主張「訂法要嚴，執法要寬」，我覺得不是處處都用權力、都用理由、都用法

令，來置人於無退步之地。我總想，多留一點空間給他，很多事情不說破，反而會更有效果。

至於做事情，有的事情，我要求很快要完成，有的事情，我要慢慢做。因爲急不得的事情，需要精雕細琢，如：編藏，草率不得，一做三十多年。快的事情，如打掃整理，我一夜之間就要把它完成。

在動物界中，螞蟻的團隊管理很成功，主要是它有領袖蟻王；蜜蜂也很會管理，因爲蜜蜂羣裏有蜂王。因此，人類的管理，也是要有領袖，如果領袖不行的話，這一個團體就會很糟糕。

佛光山以「人間佛教」的信念來凝聚衆人的共識，因此，僧團的成長，是每一個人的發心，慈悲奉獻自己心力，集體創作而成。我們「非佛不作，唯法所依」，所以所有的成就，都不是任何一個人的力量能單獨完成。我們以「人間佛教」的信念，「給人信心、給人歡喜、給人希望、給人方便」，就是利益衆生，歡喜無悔，所以不管再怎麼辛苦都心甘情願。在我七十四年的出家生活中，我確實受過十年嚴苛的管理人生。但是從嚴苛的管理當中，我學會了「不管而管」、「自悟自覺」教育的管理。所以我這一生，可以說，我用寬厚、平等、公平、公正、公開面對人事物，我想，那就是最好的管理學了。

佛光人的救苦救難

我雖然出生在一個貧窮的家庭，但是感謝父母生養我，給我受用不盡的財富，那就是養成我兩個良好的性格：一是慈悲心，另一個就是勤勞。

說到慈悲，我從小就愛護動物，曾經為了所飼養的一隻鴿子飛失，投河自盡未遂。對於小雞、小鴨等許多幼小動物，經常餵食，也從不傷害，與它們感到特別親熱。

我不知道這個性格是好還是不好，只是大人們常常責怪我：「小孩子！自己都沒有飯吃了，怎麼還偷偷地把飯菜給貓狗吃？」或是：「小孩子！怎麼可以把家裏的東西拿給別人？」雖然大人們常常這樣責備，可是這種性格與生俱來，難以更改了。

後來出了家，接受寺院叢林的教育，這樣的性格依舊。記得我在棲霞律學院讀書時，知道棲霞山做過一件偉大的事情，那就是一九三七年對日抗戰南京大屠殺的時候，寺裏曾經收容過二十萬名難民。當時擔任新六軍軍長的抗日英雄廖耀湘也落難其間，藏身在難民羣中。

那一次的難民收容，聽說家師志開上人出力最多，後來家師可以在棲霞山授記為監院，接著擔任住持，我想應該與此事有極大的關聯。處在大時代環境裏，耳濡目染，我也漸漸懂得一些救災的常識。到臺灣以後，參與各項弘法利生的工作，特別是救苦救難的事情，也就更習以為常了。

一九五一年，我在善導寺編輯《人生》雜誌，當時各方面條件都非常不足，我曾一度以骨灰櫃為牀。有一天晚上發生了大地震，骨灰罐子搖動得很厲害，我還跟他們開玩笑說：「你們可不要打到我的頭哦！」之後傳來災情，以花蓮地區受創最大。我商之於雜誌的發行人東初法師說：「我們應該給災區一些救助幫忙。」他也很慈悲地首肯，因此就用《人生》雜誌的名義對外募集救濟金、衣服和生活用品等物資。

那個時候，大家都很貧窮，募集工作實在不易，我總感到自己人微言輕，還不夠資格從事社會的慈善事業，只有從基礎做起，點點滴滴盡一點微薄力量，聊表寸心。可以說，這是我在臺灣第一次主動發起參與社會救苦救難的工作。

跟著來的是，一九五三年朝鮮戰爭結束，大陸被俘的軍人中，有人想要回大陸去，也有人願意到臺灣，我雖然有意前往板門店幫助這些軍人，但考慮到正值國共關係緊張，也無法插手幫忙哪一方；於是就想到至少可以募集一些金錢、衣物，送給處在天寒地凍、北緯三十八度綫這些苦難的人們，表達一點幫助。

尤其一九五五年，浙江大陳島居民來臺，老公公、老太太們，還有正在學習走路的嬰兒，大家扶老携幼，一對一對，一家一家，一團一團地來到臺灣，我們也僅能給予一些資助。可惜，我們那個時候也不知要怎麼提供服務，只有把別人捐出來的金錢，轉手交給那許多苦難的民衆。從中，點點滴滴感覺到什麼是助人為快樂之本，也慢慢體會到這許多助人獲得的欣慰和歡喜。

同年，我落腳宜蘭，第一次遇到強烈颱風侵臺，造成宜蘭不少地方屋倒人亡。當時宜蘭縣國民黨黨部主委黎元譽先生專程來找我，要我陪他一起到各個受難的家庭送慰問金。我很樂意卻又慚愧，因為自己阮囊羞澀，一毛錢也沒出，都是國民黨出資，我只是跟在黎先生後面跑跑腿而已。不過，或許是要我做個樣板，表示社會救災，人人有責。

這許多初期的救災活動，是我生命中學習慈悲的過程。我在慈悲裏獲得了歡喜，獲得了力量；所以每到逢年過節，就想送年糕、月餅到監獄。因為每次到監獄弘法，自覺單靠講說是不夠的，尤其不好意思兩手空空地去；因此，總想帶一些零食和慰問金，表示我的心意，除了說法，也要讓他們受到實惠。

一九五〇、六〇年代，社會苦難的人士仍然很多，經常有一些需要救濟的人士。尤其是文化界裏，某些人假借刊物的主編、發行人的身分，總要來跟我們化個小緣；此外，有一些社會運動人士，想做養老、育幼的工作，也希望我們給予他們贊助。這當中，有真實的，也有招搖撞騙的，我們也分辨不清，但還是會結緣個兩三百元，讓對方歡喜。

大有大難，小有小難，我們能將自己積蓄的一小點滴布施給人，就表示我們富有。如佛陀所說，施者、受者，同等功德。我們接受人家的供養、施捨，也給予人家救濟、幫助，人人為我，我為人人，不就是人間最美好的佳話嗎？

「九二一」大地震

由三個板塊（歐亞大陸板塊、沖繩板塊和菲律賓海板塊）擠壓產生的臺灣，素有「美麗寶島」之稱。受到地形和氣候的影響，從北到南，從平地到高山，臺灣擁有了熱帶、亞熱帶、溫帶、寒帶等不同的氣候型態，自然景觀、生態環境也因此呈現豐富而多樣。因為持續的板塊運動，造成頻繁的地震；再者，夏季氣候高溫、多雨，經常有颱風發生，因此每年大大小小的災情不少。就先說近幾年災情最嚴重的「九二一」大地震吧。

這是發生在一九九九年九月二十一日，當時，我正帶領著佛光山梵唄讚頌團在歐洲弘法巡迴訪問。德國的電視臺在晚間六七點時，播出臺灣的南投縣在凌晨一點四十七分，發生了芮氏規模七點三級的強烈地震，全島都感受到強烈搖晃。這可說是臺灣百年來規模最大的地震，後來就稱之為「九二一」大地震。

「九二一」地震造成嚴重的災情，根據統計，有近兩萬棟房屋倒塌，兩千三百餘人罹難，受傷者高達八千餘人。災區裏的道路扭曲，路基流失，橋樑毀壞，山崩地裂，滿目瘡痍，羣山水土像是在哭泣一般。災情最嚴重的地區包括：臺中東勢、南投各個鄉鎮等。

我知道這是一件驚天動地的災情，不是一時之間就能夠復原，於是立刻要「佛光山梵唄讚頌團」的總策畫慈惠法師兼程趕回臺灣，協助官方處理善後。慈惠法師立即動身從德國飛回臺灣，航程近三十個小時，慈惠法師的苦情和我們的心情交會在一起，直奔臺灣南投縣。當時，依空、覺居、滿庭、永固法師，以及李耀淳、陳嘉隆、陳璨瑝居士等人，也都在震後第二天馬上趕往災區瞭解災情，成立指揮站，並且提供熱食給受到驚嚇的民眾食用。

同一時間，我透過國際電話，呼籲全球佛光人成立世界性的援助震災中心，在臺灣的北、中、南各設一個據點，以及二十餘個賑災處，總救災中心就設在距離災區最近的「佛光山草屯禪淨中心」，以便聯絡，整合佛光山全世界各別分院、佛光會的資源，全面展開救災工作，並且委任依空法師擔任總幹事，同時佛光山停止所有的法務活動，全力投入救災工作。

災區所需要的帳篷、睡袋等臥具，礦泉水、泡麵等食品，醫療用品、日常用品，佛光山各別分院都是一車、一車的運送到救災中心統一發放。另外，我們捐出五千多個棺木、骨灰罈，屍袋等亡者用品。為了讓罹難者有所安頓，佛光山萬壽園、臺北松山寺、大溪和平禪寺（現更名為寶塔寺）、北投安國寺、基隆極樂寺等，也都提供龕位安奉。

在匆匆結束歐洲「佛光山梵唄讚頌團」的演出後，我即刻搭機經美國趕回臺灣共赴患難。當我抵達洛杉磯的時候，災情大致都已經明朗，最重要的就是為死難者進行入殮。問題是，災區就是有棺木，但誰來協助亡屍體清洗，放進棺木，為他蓋棺，結束人的一生呢？這時候纔發覺到，物質上的東西再多，精神上、心理上還是需要宗教，一定要有個宗教的儀禮來為往生的人入殮，家屬纔會稍許獲得心安。

另外，幾十萬名經過這次浩劫的民衆，他們心理上的恐懼、不安，就不是救難人員可以安撫的。歷經災難受創後，有的人感覺到日夜天地好像都在搖晃，有的人在死難的家人身邊號哭，有的人面對廢墟一般的家，不知從何著手重整，甚至地方上的公教人員，協助救災的阿兵哥們，都需要心靈上的治療與安慰，這時候，只有靠著宗教人員爲他們灑淨祈福，做心靈的輔導。

當時，針對臺灣中部百餘間學校的全毀，「教育部」對外發函，希望社會人士能夠認捐學校協助重建。一間學校的建設經費，少說也要億萬元以上，我們可憐的宗教，平常都是靠別人施捨油香來弘法、從事建設，如果這時候沒有捐獻，社會上的人又會說：這許多宗教有什麼用？你們也要捐錢建設！或者質問：宗教捐獻在哪裏？

所以，衡量一下現況，就請慈惠法師打電話到「教育部」，表明我們要認捐臺中市東勢區的中科小學、中寮鄉的爽文小學、草屯鎮的平林小學等三間學校的重建工作。另外，還參與了一些半倒學校的校舍修繕，如南投縣富功小學的禮堂，南投縣光復、永和、新民小學，草屯、名間初中，臺中市大同小學等。另外，還有樂助學童的營養午餐、炊具等，總計也贊助了好幾億的臺幣。

好在佛光會成立近十年已經很有組織，由基本的會員和佛光山的信徒齊心合力，撐持救災的工作。在我們率先響應各項認領之後，第二天慈濟功德會等社會團體也都參加了認捐建校。那一次佛光山率先發起，相信對「教育部」而言，應該是解決了當前最大的難題了。所以，救災要有智慧，慈悲要有智慧。

記得我還在洛杉磯的時候，記者們趁機圍住我，頻頻地問：「佛光會與慈濟，您們是如何救災？」我說：「救災，慈濟是專業，我們宗教團體在這種災難的時候，也只能盡心盡力，聊表心意，談不上什麼功勞，只是學習慈悲。」

災情發生的時候，也有人疑惑地問：「寺廟怎麼會倒？佛像怎麼會毀壞呢？宗教自己爲什麼不能自救呢？」我認爲，真正的信仰是在於相信自己能不能保護自己，而不是靠佛祖來保佑我們。佛像有生、住、異、滅，有成、住、壞、空，地震震倒了寺廟佛像，卻震不毀我們的信心；地震震毀了我們的色身，卻震不毀我們的慧命。

依空法師也告訴我：「師父！佛祖真靈，地震發生時，有一間寺院的一尊佛像倒下來了，翻了，再翻，又一翻，之後自己就坐起來了。」我說：「依空法師，佛像也是有爲法。他是像，倒下來跌壞了，這很正常，怎麼能要求有相的佛像不倒呢？這是外道的想法，不是佛法。佛法講無常，無常是平等的，房子要倒，桌子要倒，人會死，佛像一樣會倒，重要的是我們的信心不倒。」

我趕回臺灣後，首先領導佛光山的比丘、比丘尼在災區誦經、祈福，安慰民心，並且在碎瓦頽垣中繞場灑淨，穩定居民不安的心情，幫助災區秩序的恢復。

這期間，許多家毀受難的眷屬他們住的問題如何解決呢？佛光會首先發放一千五百個帳篷給需要的民衆，當發放一空後，佛光山發揮了國際救援的力量，緊急從澳洲、加拿大、馬來西亞、菲律賓、泰國、韓國、香港等國家和地區購買帳篷，一批又一批送抵災區。據瞭解，當時送出了近萬個帳篷。

但這也是一時的，總不能讓所有受災的民衆，長年累月地住在帳篷裏，在佛光會潘維剛理事和佛光會員的發起下，我們在中寮鄉興建了「永平佛光村」，「永平」是連戰先生的名號，所以幾百間的組合屋完成時，特地請連戰先生蒞臨，主持落成啓用，因爲這個名稱與他有關，他也欣然參與。

佛光山這一次救人、建屋救災，一忙數個月，動員人力共計一千二百多位出家法師及十萬人次以上的在家義工，提供一千二百棟貨櫃屋，兩百多間組合屋、帳篷、睡袋、棉被、毛毯、口罩上萬個，光是捐出去的金錢

有五億多元，另外的日常用品、食物等物資百餘卡車以上。

佛光會隨後也號召、訓練了兩百位義工，組成心靈輔導小組，深入災區長期關懷和協助，同時動員弘講師、檀講師，投入心靈再造行列。並在東勢、霧峰、草屯、集集、竹山、中寮、水里、埔里、魚池、南投、名間等這許多災區設立了十餘個「佛光園心靈加油站」，透過各種心靈諮商、醫療義診、共修祈福、文藝表演等活動，協助災區的民衆心理復健。

此次救災工作，共分三個階段進行：在第一時間排除萬難挺進災區，救急救難；第二階段重建家園、校園；第三階段進行心靈重建。尤其第三階段，佛光會慈容法師帶領會員協助災區民衆心靈復健，經過三年之後，纔陸續結束救援工作。這是佛光弟子學習「慈悲」所上的一堂課。

秉持著佛光山四大宗旨之一「以慈善福利社會」的理念，我在一九七六年，便特地成立了「急難救助會」，對於突遭變故者給予物質、金錢的救助，協助受難者度過難關。隨著天災人禍不斷發生，佛光山慈悲基金會更聯合國際佛光會，將救災的面向延伸至世界性重大災難的救援、災後的心靈輔導、災區的重建等。今依時間先後，略述幾項重大災難救助及慈善救濟。

泰北弘法義診

一九八八年我率領「佛光山泰北弘法義診團」到泰北弘法，那是我首次前往泰北，承蒙臺灣救災總會谷正綱、楊龍章先生、泰北救總工作團龔承業團長多方的協助，以及周志敏小姐、慈容法師的策畫安排，纔能在短短的三個月內成行。

我們一行近六十人，團員除了佛光山的出家衆、信徒外，還有醫生、護士、新聞記者，前後十天走訪了萬養、金三角、熱水塘、唐窩、美斯樂、密爾、滿星疊、帕當等二十個華裔難民村。在那裏，看到人們的生活、物資、教育、經濟等各方面都相當貧乏。

這一批中華的孤軍，他們背井離鄉，沒有居留權，吃不飽、睡不好，自力救濟，一過就是二十年。我到達的時候，許多人感動落淚，不少人雙手合十，跪下聞法。他們說：「沒有飯吃還不打緊，沒有佛法，精神上沒有依靠，纔是最大的苦難。」看到他們那種對宗教的渴求、對信仰的認真，不禁令人鼻酸。

爲此，我親自主持觀音寺的開光，也舉行皈依典禮。希望佛法爲他們帶來甘露，身心都能獲得清涼安頓。另外，爲了長期照顧這羣流落在外的難胞，我們成立了「佛光山信徒援助泰北難民村建設功德會」，多年來提供醫療物質與精神救助，希望爲數萬名難胞帶來光明。此外也由大慈育幼院領養六十名在泰北、印尼、馬來西亞、南非、越南等地區的難民後代。

美國「九一一」事件

還有一件震撼世界的事情，那就是二〇〇一年九月十一日美國紐約世貿大樓、華府五角大廈，遭到恐怖分子撞機襲擊，造成兩千九百多人不幸罹難的「九一一事件」。當時，一經電視媒體播出，舉世震驚，美國其他地區撞機的恐怖行爲持續發生，全球籠罩在風聲鶴唳之中，世界秩序受到極大的衝擊。

當時，我們已經安排好美加弘法行程，爲了安頓民心，不顧衆人反對，我堅持依約前往，同時指示紐約道場成立急難指揮中心，發動佛光人響應各項救災工作。我也率領僧衆弟子，到雙子星大樓災難現場灑淨祈福。

在祈願祝禱的時候，我說：「在『九一一』攻擊事件中，你們無辜殉難了。你們大多是基督教、天主教的信徒，你們所信仰的上帝必定會來接引你們到天堂安息。我們是來自東方的佛教徒，此來一是表示關心慰問，同

時也為你們誦經助念，希望為你們助長因緣，上生天國。世間一切的紛紜擾攘，也希望你們就此放下，你們的親人將會因為有政府和愛心人士的協助而得到幫助，甚至為美國的安定富强而貢獻力量，你們就放心去吧！」

同時，我也將那一次佛光山梵唄讚頌團美加巡迴演出「恒河之聲」所得二十萬美元，贈予紐約市府協助「九一一」事件災後重建。

這次的災難，也碰巧讓國際佛光會紐澤西協會會長魏建國遇上，他上班的地點正是世貿大樓七十四樓，平時體弱的他，在災難發生時憑著對佛菩薩的信念，稱念觀世音菩薩聖號，跟著大衆一步一步往下逃生。走出大樓後，回頭仰望上班的大樓，已經被熊熊烈火吞噬，這時心中起了一個預感，大樓可能會倒，於是再步行三條街，發現街上所有的人紛紛往前狂奔。轉眼間，大樓真的坍塌了。劫後餘生的他，對佛法的信心倍增，積極參與佛光會活動，珍惜把握每一份善因好緣。

事件既然已經發生，這不只造成美國傷痛與損失，也讓全世界人民因恐怖攻擊行為而感到不安。現在最重要的是如何善後，武力報復終非究竟解決之道，唯有以慈悲的力量來降伏暴力，纔能達到永久的和平。

SARS疫情

此外，二〇〇三年「SARS（嚴重急性呼吸道症候羣）」疫情風暴，襲擊亞洲地區，造成民衆身心陷入恐慌、焦慮、不安。尤其，臺北市立和平醫院爆發院內感染，造成多名醫護人員的犧牲。疫情擴及全臺北市，重創了臺灣SARS醫療防護網。當時我正在日本弘法，聽到這個消息，也感到相當的憂慮。為了安撫衆人驚恐的心，特別發表《為SARS疫情祈願文》和《寫給和平醫院遣隔離人士的一封信》。

SARS疫情發生期間，全球各地佛光協會共捐贈N95外科醫療口罩四十餘萬個、美金二十二萬元、隔離防護衣十萬餘件、體溫計三千支給臺灣，做為抗SARS之用。我們也出席由高雄縣官方聯合各宗教，在高雄勞工中心舉辦的「揮別SARS，平安臺灣」祈福感恩晚會；之後也應福建省廈門市南普陀寺住持聖輝法師之邀，前往廈門參加南普陀寺舉行的「兩岸佛教界為降伏『非典』國泰民安世界和平祈福法會」。主要告訴大家，「非典」肆虐乃衆生業力所致，降伏「非典」的重要武器是淨化身心，人人做好事、說好話、存好心，內心有了善的力量，就能消除惡業。祈求早日脫離SARS陰霾，人心安定。

南亞海嘯

同樣發生在亞洲的，是二〇〇四年十二月二十六日的南亞海嘯，那正是我在臺北「中山紀念館」進行年度佛學講座的最後一天。透過電視媒體播報，印尼蘇門答臘發生了九級的强震，引發巨大海嘯，重創了東南亞地區的印尼、泰國、馬來西亞、斯里蘭卡、印度等國，造成二十三萬人死亡及失蹤，百萬人骨肉離散、家園盡毀的人間悲劇。

有過臺灣「九二一」大地震的經驗，我立即發動全球五大洲的佛光山信徒、國際佛光會會員，展開緊急災難救援，用最快的時間投入大量的人力、物力，進入災區進行救助，幫助南亞受災區度過這次浩劫。

這當中，國際佛光會發揮了極大的力量，在印尼方面，蘇北等佛光協會於災區進行物資發放工作。印度地區，由馬得拉斯佛光協會協助受災民衆緊急疏散，遷移到當地的學校、教堂等安全地區安置；安德拉佛光協會則全力支援災區勘查，並即時賑災。而泰國曼谷佛光協會則結合當地官方、軍方進行賑災，同時透過直升機，直接進入災區救援。

救災重點放在協助當地居民生活上的安住，提供住所、生活必需品，並給予罹難者家屬心靈安慰，以及往

生者的後事處理。同時，響應臺灣「行政院新聞局」發起的「明天過後・一萬個希望」系列活動，我們認養了五百位孤兒，讓失怙的孩子得以平安成長，並有接受教育的機會。

災後一年多，佛光山、國際佛光會從賑災、救濟、重建家園、心靈輔導四個方面，針對災區幼童的教養問題，居民就業生計、居住、健康等問題，結合當地官方及其他非營利組織，協助重建學校、啓建孤兒院、興建房屋、成立「南亞海嘯婦女和學子就職訓練所」等，希望他們能夠早日重建家園，生活恢復正常，同時也讓他們知道，海嘯雖無情，但人間有愛。

「五一二」汶川大地震

近幾年在大陸方面最重大的災難，應該就屬二○○八年五月十二日下午二點二十八分，在四川省汶川縣發生的規模八級的大地震了。這個相當於四百顆廣島原子彈能量的地震，在十萬平方公里的區域瞬間爆發，造成甘肅、陝西、重慶等十六個省區市嚴重的災情。據統計，這一震，有超過八萬人罹難，兩千三百萬人痛失家園，兩萬多家工廠受災，五千多個具有規模的企業停擺。

地震發生後，電視臺迅速播報汶川地震所帶來的慘重災情，我知道這件災情不容小覷，即刻撥打電話給中國宗教事務局局長葉小文，表示捐款人民幣一千萬元，以及提供災區相關需要的救災物品，藉此呼籲大衆共同響應救災。同時，也在臺北緊急成立佛光救援指揮中心，由佛光會世界總會秘書長慈容法師擔任指揮，覺培法師爲總幹事，發起「送愛到四川」賑災機制，以實際的行動，支持汶川的受災民衆。

這次的救災行動不是想像中的容易，在召集相關人員開會後，決定發動緊急救援計畫，結合臺灣、香港、馬來西亞佛光協會，以搜救、醫療、物資、人道「四合一」的機制，組織救援團隊，並在四川宗教事務局長王增建先生的協助下，帶著募集到的百萬噸醫療物資，深入駐紮重災區青川木魚鎮，爲偏遠地區進行搜救、醫療、人道等各項服務。

隨後，根據傳回的消息，準備好災區所需要的物資，在蔣孝嚴先生的協助下，經由揚子江貨運航空直航成都，把救援物資送進災區。這也是首次大陸直航臺灣的航運機。

在緊急救援任務階段性完成後，佛光人的脚步並未停歇，救援指揮中心再次指派覺弘法師、陳嘉隆、朱唐妹、李耀淳、宋耀瑞等人前往四川，與四川省宗教事務局、四川省政府簽定「災後重建計畫協議書」，佛光山、佛光會將協助四川政府共同投入災後心靈關懷工作，希望在最短的時間內，讓受災的民衆身心獲得安頓。

在災情稍穩定後，我帶領了百位佛光人前往汶川致意，協助重建江油市的彰明中學、彭州縣的三昧禪林等佛教道場十六間，以及興建三昧慈善醫院，同時，代表全球佛光人捐贈四川省政府救護車六十七輛、輪椅兩千臺，並前往重災區成都市彭州銀廠溝、三昧禪林等，爲不幸罹難者誦經、灑淨。

在捐贈的會場上，我告訴所有四川的人民說：「我不是來救濟的，我是來報恩的。我從小就喜愛閱讀李白、蘇東坡等人的文章，他們有的就出生於四川，他們的學問、思想，營養了我、豐富了我，讓我在文學意境中成長。甚至少年時看《三國演義》劉關張『桃園三結義』，諸葛亮『六出祁山』，他們在蜀地建國。這些都助我成長，這次四川有難，我是抱著感恩的心到來，感恩四川人給我的滋養和智慧。」

我認爲，施者、受者本是一家人，毋須言謝。只希望藉此因緣，願四川的民衆化悲憤爲力量，奮起飛揚。

「莫拉克八八」水災

除了海外的急難救助，在臺灣，因爲夏日多颱風，挾帶的大量雨水，經常造成水患。小規模的災害姑且不

談，在臺灣南部造成的大規模災害就有好幾起，像：一九九四年的高雄岡山「八一二」水災、二〇〇九年發生的「莫拉克八八」水災都是。

一九九四年由於受到「道格」颱風離臺引進强大西南氣流的影響，高雄地區降下八百三十五毫米雨量，受災最嚴重的岡山嘉興里，淹水深度高達三米，連日豪雨造成臺灣南部的「八一二」水災。那個時候，南部如汪洋，高雄就像一片水鄉澤國，連佛光山也是滿山狼藉，成爲受災區。當時李登輝先生搭乘飛機南下高雄視察，說出了一句話：「請佛光山和慈濟趕快救災。」

其實，佛光山早在第一時間内就在災區進行救災，除了不斷運送便當、饅頭等食物給災區的民衆外，也協助軍隊救援。李登輝先生指示後，我想慈濟功德會，跟著也會不斷地提供災區的救助行動。

高雄的水患來得急，去得也快，動用軍隊協助，民生問題很快就復原。但「八八」水災就不是這麼簡單了。

二〇〇九年「八八」水災，根據水利署統計，這次颱風最大時雨量在屏東地區，每小時一百三十五毫米，兩天雨量共計兩千五百多毫米；高雄一年的雨量，集中在三天内落下，也有兩千五百多毫米，創下了臺灣百年來最高的降雨量，使得高雄平地淹水，山地引發土石流，造成通行道路中斷，屋毁人亡，計有六百八十餘人往生，原本是歡樂團聚的「八八」父親節，意外引發不少家庭破碎。

南臺灣災情陸續傳出，屏東低洼地區水患連連，民衆無法外出，受困家中，妙璋、覺培、妙喜法師在第一時間帶領佛光人，在軍隊協助下，搭橡皮艇進入災區，發送便當給受困居民。但發送到屏東佳冬鄉時，因爲四處是漁塭養殖場，漁塭四周佈滿鐵絲網，橡皮艇一進入就被鐵絲網割破，加上水位又高，裝甲車也進不了，讓救助工作一度陷入困難。

後來，佛光會員告訴我，水災發生時，因爲林邊溪潰堤，而且又逢大潮，導致佳冬鄉一片汪洋如海，海水挾帶大量泥沙湧入佳冬鄉，魚塭損失嚴重。當大水退後，魚的屍體膨脹腐爛，加上太陽日曬，整個鄉鎮空氣彌漫著腥臭味；屋内屋外，泥沙淤積幾乎有半個人高，難以清理。爲此，佛光會員、信徒們，每天出動三百餘位義工，爲屏東林邊、佳冬、永樂村等十二個鄉鎮，協助住户、學校清潔整理。

而在高雄縣旗山、六龜、甲仙、那瑪夏鄉，乃至嘉義、臺南、臺東山區亦傳出山崩、土石流災情。覺培、滿益、覺來、覺禹法師以及佛光童軍團執行長李耀淳等人，帶領佛光人深入災區瞭解各地災情，並分送物資。

已經擁有多次救災經驗的佛光山、國際佛光會，在災情傳出後，立即成立「佛光山救災中心」，由總指揮慧傳法師坐鎮指揮，動員各別分院道場、佛光會，全力配合投入救災的各項工作。同時屏東南州也設置了「南區災區前進指揮所」，統籌調度所有救援物資。

佛光山及各別分院每日每餐供應兩千多個便當，總計十萬餘個便當給各地區需要的民衆，甚至還連夜熬煮薑湯，提供高屏地區救災的軍隊、民衆飲用。其他各項民生物資，如：衣服、睡袋、毛巾、礦泉水等生活必需品，也陸陸續續提供至災區。

其間，通往六龜的臺二十七甲綫公路，整個道路已經被沖斷，覺培法師擔心當地居民安危，仍不顧山路危險，帶領著佛光會員前往。驚險的是，由於路基皆已被沖毁，只能靠著繩索攀著崖邊通過。突然間河水上漲，救災人員因脚滑，差一點連同食物掉下去。而慈悲基金會妙僧、妙仁法師更招募專業醫療人員，組成「佛光醫療隊」，每天前往十五個災區據點，提供即時的醫療診治。

這次救災過程，動員了佛光山僧信二衆千餘人次，配合各地機關、軍隊協助下，搭乘救生艇、直升機、裝甲車、四輪傳動吉普車等各項交通工具，爲的就是希望在第一時間内，完成救災工作。

跟後，傳來小林村、桃源鄉等位於山區的民衆，陸續在官方協助下尋求安置。面對如此龐大的羣衆，高雄

縣長楊秋興請求佛光山支援安置受災的民衆。不説二話，佛光山立刻在旗山禪浄中心、本山的福慧家園分别成立安置中心，提供重災區民衆一個安頓處，成爲全臺第一個最大的安置中心，以及收容人數最多的安置所，總計有三千四百餘人次進住。

當時，我交代所有的徒衆一個原則：「這是讓我們學習山上居民生活習慣的機會，居民已經失去家園，儘量讓他們自在，不要讓他們覺得有寄人籬下的感覺。」爲此，本山特别爲他們開闢一個「吸煙區」與「檳榔區」；爲了尊重部落的宗教信仰，還設置「祈禱室」讓牧師、神父、修女進來爲居民祈福。另外，怕臺灣少數民族吃素不習慣，由佛光山出資，協調山下的餐廳，兩天一次爲他們辦桌，提供葷食。

此外，我們也由「雲水書車」提供各類書籍給幼童閲讀；大慈育幼院開設「兒童樂園」讓小朋友有遊樂的空間；佛光青年帶著青少年打籃球、遊戲。爲了撫慰居民的情緒、精神，佛光山亦徵召專業的醫護師、心理治療師，提供諮商服務；佛光山大衆二十四小時不打烊，予以「關懷服務」。

負責工程的慧施法師也在短短十天内，協助完成三民初中在佛光山普門中學復學的各項住宿等硬體規畫、裝潢；普門中學校長林清波、副校長蔡國權則帶領老師騰出辦公室、教室、宿舍，讓三民初中災區學子安心就學。

佛光山也獲得了這許多臺灣少數民族朋友的感情。當他們住了近一個月的時間後，紛紛歸去。之後，只要山上有什麽活動，他們都會組團前來參與。例如春節義賣、園遊會、各種的民俗表演，至今往來不輟。

在這一場救災工作中，除了物資的救濟之外，國際佛光會「中華總會」捐贈一千萬元臺幣予「内政部」，作爲此次「莫拉克」水災的賑災款項。爲這許多受災地區捐建九座圖書館，並且贊助五百萬元臺幣邀請紙風車劇團爲災區的兒童演出，讓災區的兒童能觀賞大型的藝術文化表演。同時，也啓動了各種助學方案，雲水書車、雲水醫院不定期前往關心。

當局爲了對「莫拉克」颱風罹難者表達追思、撫慰罹難家屬，在高雄市綜合體育館舉行「八八水災全臺追悼大會」，由馬英九率領蕭萬長、「五院院長」及各縣市長，代表全臺同胞共同追悼。佛光山等各宗教也都派人前往祈福祝禱。在追悼大會中，不分黨派、不分宗教，每一個人都是懷著爲生者、亡者祈福的心而前來，人人同心携手，一起重建家園。

回顧佛光山自開山以來，不僅致力慈善工作的推動，並且推動育幼、養老、疾病醫療，到往生後的骨灰安奉等弘法工作，人一生的生老病死都全面照顧了。

除了上述的災難事件，尤其近十幾年來，各種災情的消息真是無日無之。例如：臺灣在一九九四年的「凱特琳」颱風、一九九五年菲律賓「羅辛」颱風及日本阪神大地震、一九九八年棉蘭佬旱災、二〇〇二年「華航」「五二五」空難、二〇〇五年美國的紐奥良市「卡翠娜」颶風、二〇一一年泰國水災等。全球各地的佛光人，都在聞訊後第一時間前往，可以説哪裏有災難，哪裏就有佛光人的身影。

此外，二〇一一年二月二十二日紐西蘭基督城大地震一發生，我們立即在紐西蘭南島佛光山啓動救援機制，由滿信、覺西法師帶領佛光人，每日免費提供熱食、醫療用品、清潔用品、免費上網，以及爲受災民衆消災、爲罹難者超薦；同時，配合警方支援翻譯、尋人，提供辦公場所及設備，協助媒體進行資料傳輸等相關工作，並且捐出十萬紐幣給紐西蘭紅十字會救災。

而基督城市政府爲了追悼這次罹難者，和基督教大教堂聯合主辦全國追悼會，計有十萬民衆參加。滿信法師應邀代表佛教界出席，與紐西蘭總理約翰基（John Key）、英國的威廉王子、紐西蘭總督薩提雅南（Anand Satyanand）、澳洲總理吉拉德（Julia Gillard）、毛利族納塔胡部落（Ng aiTahu）長老，伊斯蘭教、基督教、興都教

等各宗教界代表，共同祈福。

基督城大地震後不到一個月，日本東北地區於三月十一日也傳出發生大地震，引發海嘯，造成逾兩萬人往生、失蹤，二十多萬人流離失所。時值低溫五度的寒冬，救災工作更加艱巨。災難發生後，日本東京佛光山立即成立救災中心，由滿潤、覺用法師等帶領佛光人，前往受災最嚴重的宮城縣提供熱食，及各類物資的發放。

全球佛光人全力投入募集物資、募款，甚至位於佛光山臺北道場前的五分埔商家，在佛光人招募下，所有業者二話不說，共同捐出了五萬件冬衣、睡袋、乾糧等，透過「外交部」賑災專機運往日本。海內外所有的佛光人，勉力給予急難救助，都是想盡一點佛子的力量，讓佛陀的慈心悲願，普潤苦難的衆生。

二〇一一年五月，我們在臺北凱達格蘭大道舉行「佛誕節暨母親節慶祝大會」時，日本山梨縣前議長深澤登志夫、日本浄土真宗本願寺代表藤丸智雄等人，特地組團到臺灣參加，帶來賀電與感謝狀，感謝臺灣各界對日本東北大地震全力的支援與協助。

在救度過程，面對驚惶無助的民衆，佛光人盡力做到觀世音菩薩現千手千眼的大慈悲精神，視一切衆生猶如己身，病瘦者給予醫療，軟弱者使其剛强，貧窮者令有所謀，無所歸者令有所歸。好比《法華經》所説：「願以大慈悲，廣開甘露門。」希望以佛法船筏，擺渡衆生，讓受難者免除災難帶來的恐懼不安，走出陰霾，重新面對人生，重新生活。

但我們不願標榜這些，因爲知道，再多的錢財，會有用盡的時候，濟人燃眉之急，仍然無法息滅心中的三毒；唯有佛法的佈施，纔能更進一步浄化心靈，獲得究竟的安樂。

雲水行脚走天下

少年的時候，常聽人說：「讀萬卷書，行萬里路。」對於這種逍遙自在的人生，也就非常向往。出家以後，知道「一鉢千家飯，孤僧萬里遊」，更覺得雲水生活，實在詩情畫意。後來，念到《順治皇帝讚僧詩》：「天下叢林飯似山，鉢盂到處任君餐」時，更是感覺到出家的生活真是無比美好。但是，可憐的是，在我出家的最初十年，只有到過兩個地方，一個是南京，一個是鎮江。一直到了要來臺灣，纔經由上海抵達臺北，那時候我已經是二十三歲了。

在臺灣，社會上一般的人，無論老年、青年或學生，都向往出國，中老年人想要出國旅行，青年人則想要出國留學。臺灣光復初期，我們眼看著天主教、基督教的教會，以道德重整、文化訪問等各種名義，把青年人一批一批地送到島外留學。可憐地，佛教界的長老們卻都壓制佛教人事，不准許人離開臺灣。加上政府對於佛教人事的管制也很苛嚴，所以一直到了一九六三年，拜國民黨「社工會」之賜，要我參加「中國佛教會佛教訪問團」，我纔有這麼一個機會，訪問亞洲的佛教國家。

在我青年的時代，對於出訪、參學，興致很高，但是到了中老年後，卻視出訪爲畏途。雖然如此，我還是走偏了地球五大洲。今藉辛亥革命百年的因緣，也把一些參學旅行的心得，在此一敘。

亞洲

泰國

承如前言所說，我第一次出國，是一九六三年隨著「中國佛教會佛教訪問團」，到東南亞各個佛教國家做訪問。

第一站到泰國，我們見識了屬南傳佛教的泰國，佛教在社會上的地位和力量。據說光是曼谷，就有十五所具有規模的華人佛學社團。此外，還有華僧教團的組織。

我們到泰國訪問的行程是受泰國政府邀請的，所以初到泰國廊曼機場的時候，府方就安排了兩千多位比丘列隊歡迎。在盛夏的七月裏，南傳佛教比丘披搭金黃色的袈裟，偏袒右肩，整齊的隊伍，讓我深深感嘆中國佛教不容易有此盛況。

泰國政府爲我們安排了十天接待的行程，和四天自由訪問的時間，除了拜見泰國僧皇，接受蒲美蓬國王（Bhumibol Adulyadej）的宴請，也參觀了只有國家慶典、佛教節日纔開放的玉佛寺，以及湄南河畔的朱拉隆功大學、古色古香的雲石寺，尤其目睹了南傳佛教至今仍然保持的佛教傳統——早晨「托鉢乞食」的盛大隊伍。

甚至，我還應泰國方面邀請，參加「中泰佛教辯論會」。會中，我提出以團結、統一、動員做爲討論的重點，並引起了在場的大德、法師們一致贊成。直至今日，我仍然以此勉勵僧信二衆要集體創作，纔能發揮弘法利生的力量。

印度

在臺灣時，我們光是辦理到印度訪問的旅行證件，兩個月就花去幾千美金的電報費，也還一無消息。後來到了泰國，真要感謝駐泰官員杭立武先生（一九〇三年生，安徽人），他只利用一個下午的時間，就替我們辦好了旅行證件。這是我最高興的時刻了，因爲我終於能到佛陀的祖國去訪問了。

在泰國訪問兩個星期之後，七月八日下午，我們搭乘五時三十分的法國航空公司班機，前往印度加爾各答。飛機起飛時，正當太陽西下，我們的飛機一路追著太陽跑，經過兩個多小時的航程之後，纔終於抵達加爾各答，原以為已經天黑了，沒想到，由於時差關係，此時，太陽也才剛剛沉入地平線。

我們在泰國、印度訪問期間，都有許多華人接待，很感謝他們的盛情。但是我們的目的，並不是觀光旅遊。只是帶著虔誠恭敬的心想到佛地朝聖。

那時候，臺灣與印度沒有聯繫，加之大陸和印度為了邊界問題，正在糾紛中。因此，我們在印度朝聖的途中，也就顯得格外緊張和肅穆。當我終於如願踏上了佛陀成道的菩提樹下、金剛座邊的土地時，不禁也要激動得熱淚盈眶。

那是一個清晨，天剛亮不久，滿地都是露水浸濕的泥土。但是，我不覺得骯髒，只感覺到聖地的泥土都是芬芳的，都是清淨的。當我緩緩地禮拜下去時，心中不覺油然生起了「佛在世時我沈淪，佛滅度後我出生，懺悔此身多業障，不見如來金色身」的慨嘆。

之後，我們來到佛陀修道的苦行林中，我一直尋尋覓覓佛陀的身影；來到尼連禪河邊，也懷想著當年佛陀過河的情況。我還到了鹿野苑佛陀初轉法輪的古塔，以及他為五比丘說法的說法臺；見識了靈鷲山的風光，也看到了頻婆娑羅王建立的摩揭陀國竹林精舍。我在恒河邊上沈思，也在佛陀涅槃塔的邊上靜坐，當然，也到了佛陀誕生的藍毘尼園聖地。

關於朝聖的心情，在這裏就不再多說了。不過，此行在印度最大的成就，應該就是和尼赫魯總理的見面了。尼赫魯總理是印度聖雄甘地的文膽，是世界有名的領袖，一八八九年出生。關於我和他見面的情況，可以參見《國際領袖們的交往片斷》。

所謂「法不孤起，仗境方生」，由於一九六三年在印度朝聖的旅程，經由我在《海天遊蹤》發表後，掀起了印度朝聖熱。因此，入境最困難的尼泊爾，我還特地拜託他們的皇叔洛克達桑（Lok Darshan Bajracharya），放寬尼泊爾旅行證件。結果不但獲得他的慨然允諾，竟還送給我一顆雨花舍利。可以說，我對於之後前往印度的朝聖者，也給予了一些方便。

我第二次到印度，是在一九七九年。那一次，由於第一次朝聖行造成的影響，很多人都想到印度朝聖，所以我們就組了兩百人的大團，委託信達旅行社代辦，一行人浩浩蕩蕩地就前往印度了。團員中有《讀者文摘》的總經理陳嘉男先生，有康華大飯店的康萬和總經理，有佛教學者楊白衣教授等。

信達旅行社為了我們這一個大團要去印度，還特地買了一部汽車要送我。我當然拒絕他們，總覺得，出門參訪本來就應該給旅行社賺錢的。總之一句，我不要貪心就是了。

到歐洲，要有兩千人去，不是問題；到印度，不要說兩百人，恐怕連二十人都很困難。因為印度交通的不確定性，往往早上開車出門，到了深夜才能到達目的地。更嚴重的，沿途連一間廁所都沒有。不過，臺灣的佛教徒還是了不起的，雖然朝聖困難，大家基於朝聖的虔誠心理，也都不去計較。後來，有人索性地就發明了一個方法，在大樹下，用一塊布或一支陽傘遮擋，作為臨時廁所。

印度朝聖的困難，還不只如此。天氣的酷熱，讓過去不少到印度朝聖的人，由於水土不服，喪生異域。如近代的續明法師，朝禮完畢，因為肝病發作，四十多歲就往生了。而古代求法的高僧們，可以平安到印度又平安回到中國的，更是不到十分之一二。例如：《高僧傳》裏記載法顯大師和玄奘大師，一個由陸路去，海路回；一個由陸路去，陸路回，他們能夠成功地回到中國，可以說是一個異數。想想，我還真是大膽，竟帶領了兩百人，乘坐著六部大巴士在印度境內到處遊覽。

由於這一次到印度的因緣，我們隨行的團員、信徒們在藍毘尼園也捐了不少錢給尼泊爾政府，做為重建藍毘尼園，復興佛陀誕生聖地之用。後來，我們也有心要在印度辦教育，經過僧信二眾的努力，歷經了十數年，直到現在，纔完成印度佛學院和孤兒院的興建。

繼這一次訪問之後，我又多次前往印度訪問。由於大家朝聖的熱忱，也啓發了我在印度辦理三壇大戒戒會的想法。那一次，在菩提迦耶舉行的三壇大戒戒會，臺上十師都是南北傳佛教的長老，有斯里蘭卡的達摩羅卡法師、印度的悟謙法師、馬來西亞的達摩難陀法師、柬埔寨的僧王德旺法師、香港僧伽會的會長永惺法師等。戒子則有來自世界二十餘個國家的一百三十餘位沙彌尼。

能在佛陀的聖地，恢復兩千六百年前的戒會盛況，真是要感謝佛光山護法信徒們的支持，纔能完成這一件歷史的任務了。

其實，早在佛光山於一九九八年在印度舉行三壇大戒之前，透過依華法師的居中介紹，當地華人就把早期新加坡僑領李俊承居士在鹿野苑興建的一座「中華佛寺」，交由佛光山管理了。那時，佛光山派遣慧性法師前往經管。

慧性法師，馬來西亞籍，爲人耿直，我想必定是他講話得罪了人，所以後來當地的華人就排擠他，把他趕走，「中華佛寺」也因而被信徒强占了，殊爲可惜。

不過，佛光山僧團人多，大家也都有爲教奉獻的熱誠。因此，前仆後繼地，又有佛光弟子滿浄、覺明、妙如、慧思、慧顯、妙軒等前往印度。尤其後來覺明在德里大學獲得博士學位，妙如在菩提迦耶興建孤兒院、佛學院，也接引了很多的印度青年學佛。乃至於他們在印度新德里、大吉嶺，以及鄰近的尼泊爾、不丹、拉達克等地也都成立了佛光協會。

二〇〇六年，爲了紀念印度佛教復興之父安貝卡博士帶領五十萬民衆皈依佛教五十週年，阿難佛寺的住持僧護法師，在南印度發起二十萬人皈依，我還應邀前往主持。但是，話又説回來，印度人對於數據似乎不太重視，二十萬、兩萬、兩千在他們看來，好像都是差不多的。不過，我在南印度還是捐助一間寺院五萬美金，總覺得，發展佛教，也不一定都要由我們親自去那裏主持。

行程中，我們也參觀了幾個佛教聖地。尤其來到龍樹菩薩的故鄉，看到過去龍樹菩薩在那裏發揚大乘佛教教義，奉獻佛教的精神，即使現在只餘留下一點遺跡，剩下博物館裏的石頭雕刻、碑牆，但是他的思想和智慧，依然爲後人所敬佩。

現在，全印度都撒下了復興佛教的種子，佛教成爲救世的光明，未來佛光普照的一天必然會來到。我想，這也都是旅行、朝聖得來的成果吧！

馬來西亞、新加坡

結束印度的行程，接著是訪問馬來西亞、新加坡。當時，正逢他們在第二次世界大戰後，想要合組聯邦政府，成爲馬來西亞聯邦。雖然我對於馬來西亞、新加坡的政治情況並不是很瞭解，卻也能感受到大戰後，希望團結、希望合作的人心思潮，真是爲世界帶來了一片和平、美好的氣象。

我們的訪問行程，一路從素有「東方花園」之稱的檳城，往南到小鎮太平、山城怡保、首都吉隆坡、大馬最早的古城麻六甲；再從南馬的河口城市麻坡，乘坐三小時左右的汽車轉往新加坡。

沿途，我們不僅參訪了馬來西亞佛教會，拜見了德高望重、在文藝方面深具修養的竺摩法師，也與世界佛教徒友誼會副會長、菩提學校校長畢俊輝女士見了面，還瞻仰了菩提學院、洪福寺、香林覺苑等慈航法師當年弘法的道場，不禁感佩於慈老當年在星馬打下的弘法事業基礎，希望未來能有更多的大德高僧繼續給予發揚光大。

訪問之行來到了新加坡後，我們又接受安排，前往訪問當地佛教界最有名望之一的光明山普覺寺宏船長老，並且到了新加坡最大的叢林雙林寺拜訪。

在馬來西亞、新加坡，由於有我很多的雜誌讀者，承蒙他們對我的厚待，以及和許多師友見面的歡喜，都令人感覺到旅行的意義非凡。但是，另一方面，我也看到了星馬一帶，佛教年輕後繼者寥寥無幾的情況，也就更加深了我注重教育，培養人才，以延續佛陀慧命的目標與責任。

菲律賓

新加坡的訪問行程圓滿之後，我們乘坐泛美航空飛往菲律賓。抵達菲律賓之後，更加感覺到華人強大的經濟力量，也難怪這許多國家會有排華的舉動了。因此，當我見到菲律賓總統馬嘉柏皋（Diosdado Macapagal）時，就向他提出希望透過訪問來增進彼此瞭解的想法，並且還表達了希望菲律賓政府能夠支持華人，共同建設菲律賓的心願。

馬嘉柏皋總統真不愧是一位民主的總統，雖貴為天主教國家的總統，也表示非常歡迎我們到菲國傳教。

日本

這一次訪問，除了目睹泰國南傳佛教盛大的陣容，感受到星馬、菲律賓佛教徒的信仰熱忱，也見識到日本佛教的教團力量。

日本雖然戰敗了，但是在美國的扶持之下，經濟很快地就復蘇，已可看出國家再起的希望。尤其日本新興的教團，如：立正佼成會、靈友會、生長之家、創價學會等，都為二十世紀的日本佛教帶來新生的力量。

乃至於日本傳統的佛教，如：淨土真宗、臨濟宗、曹洞宗、高野山的真言宗，以及奈良的佛寺等，也都讓人感覺潛力無窮。只是，他們已經廢棄了比丘的制度，僧侶的身份只有「和尚」、「親教師」的意義，比丘尼的教團也已日漸式微。不過，一些佛教的學者，如：塚本善隆、水野弘元、中村元、平川彰等，還是很受整個國家和社會的尊重。

香港

此行的最後一站是香港。香港佛教起源得很早，相傳東晉時期，杯渡禪師就已經在那裏建寺弘法。今日香港最古老的佛寺青山寺，傳說就是由他所建立的。

在香港，我認識的師友最多，不少人與我已分別了十年、二十年之久，如：法宗、超塵、達道等法師，和我同是棲霞的法系。藉由在香港訪問期間，大家能在異地重逢，真是人生最歡喜的事了。

這一次的訪問，讓我開始沈思中國佛教未來的前途，走向，是要與泰國一樣，走上原始佛教的路線，還是要如日本一般，乾脆就讓在家化的佛教來引導呢？但總覺得，中國佛教還是要保有它的特色。只是假如中國佛教的叢林制度，要想在未來的社會生存，在國際上和各宗教一較長短，勢必要培養人才，重新整頓制度。

所謂「人能弘道，非道弘人」，佛教一切的事業都需要人才。清末民初，佛教雖然衰微，但是僧眾的僧團、信眾的教團都仍然有一些重量級的人才；現在我們號稱「臺灣佛教的盛世」，可是，我們的人才又怎麼樣纔培養得出特色來呢？

不過，話說回來，現在佛光山在亞洲的泰國、日本、馬來西亞、新加坡、菲律賓、香港等地都建有道場，不能不說是那次訪問播下的因緣種子，現在都開花結果了。

美加

接著再把我五十年來，在世界各地的旅行，以年代順序繼續往下談。

訪問過亞洲後，一直到了一九七六年，美國開國兩百週年紀念，我奉臺灣官方指示，組團到美加去訪問。當然，重點是要給美國政府知道東方古老的佛教，也有派團前去祝賀。

我們一團二十餘人，在美加訪問的二十多天裏，大部分的時間都是在飛機上度過的。因爲美國、加拿大的領土，和臺灣相較，實在是太大了，光是從美國西岸的洛杉磯，坐飛機到美國的東部，就要五個半小時以上；若是開汽車，據說走十號公路，從西部開到東部，也要開上一個星期。

在美國，我們見識到宣化法師度化許多洋人出家的萬佛城。只是，我也看出宣化法師的弘法能量受到局限，他雖有心於美國傳教，卻難以高樹法幢，大轉法輪。我在舊金山訪問期間，他總是跟前跟後地，希望我對他講說在美國發展佛教的步驟和方向。只是，慚愧地，我也初到美加，並不瞭解當地的情況。不過，我倒是早就知道美西的佛教，已經有好多位中國的法師在那裏開拓耕耘。例如：舊金山般若講堂的智海法師，奧克蘭法王寺的妙境法師，洛杉磯正信會的印海法師，及圓覺寺的文珠比丘尼。

不過，看起來還是日本佛教在美國的發展較具規模。尤其日本的佛教學者鈴木大拙先生，於第二次世界大戰後到美國講說禪學，很早就開啓美國人研究佛學的風氣了。

我在美國西部訪問時，遇到一位揚州的老鄉王良信居士。王居士一家虔誠護持佛教，母親精進修行，宛如是個出家的比丘尼。他一再說要把位於中國城的一塊私有土地，貢獻給我建立弘法道場。但是，人家一句好意的話，我總不能就把它當作是天上掉下來的福氣，還是要按部就班地瞭解、分析，是否具足了到美國弘法利生的條件。

之後，我們從洛杉磯經過了鳳凰城、丹佛，來到了紐約。在紐約，佛教的盛況，光是中國城裏就有十餘間寺廟，連有名的壽冶老和尚也在這裏建寺度衆。

這段期間，應金玉堂居士一心一意地懇請我住持她建立的大乘寺，並表示要爲我辦理二十個人衆的移民證件。只是，從紐約市區前往大乘寺，大約要兩個半小時的車程。我心裏想，若真住到大乘寺了，我們怎麼生活呢？況且我們一羣人來到這裏，總不能癡癡地住著，我們的任務、我們的使命如何落實呢？衡量大乘寺距離市區太遠，接觸羣衆困難，也就予以婉謝了。

我們初來乍到，也知道沈家楨先生在數十公頃的農莊裏，成立有菩提精舍，並曾經邀請印順法師駐錫。不過，那也只是如同關房般的靜養之處，並不容易發揮弘法任務。

但是，沈家楨先生到底是有心人，他在世界各地出資，廣播菩提種子，一心想要爲佛教培養人才，復興佛教。可惜，他手下的兵將、人才不夠，也就事難發展。雖然他有意仰靠印順法師、演培法師這一個系統，然而因爲印順法師的性格，請他著書立說可以；要他弘法利衆，或許就没有這些想法了。

所以，綜觀美國東部，弘揚佛教的機遇很多，但是真正的大德人才仍然不足。

之後，我們訪問了加拿大多倫多。那裏有倓虛老和尚的佛教教團在發展，由他的兩位弟子，一是性空法師，主持湛山寺；一是誠祥法師，負責加拿大佛教會。

那時，企業家詹勵吾居士也有意要把尼加拉瓜瀑布旁，一塊一百五十畝的土地，交由我建立「世界弘法中心」，他雖然是一片好心、美意，但是在我一無所有的情況之下，又要如何進行呢？所以，思前顧後，想到還是以揚州老鄉王良信先生在洛杉磯的那一塊土地，作爲到美國發展佛教的基地，比較妥當。所以，我就繼謝絕應金玉堂女士之後，也婉謝了詹勵吾居士的好意，等候王良信先生進一步的消息。

没想到，一等就是一年多，他纔來電話催促我們到洛杉磯去。在他再度盛情邀請之下，我勉强地湊足了兩萬美元，就請會日文的慈莊法師、會英文的依航法師到洛杉磯去開山，創立道場。

在美加，因爲土地多，房舍也多，所以買房子、買土地都很容易，但是要建寺院就不容易了。西來寺前前後後花了十年的時間，經過六次公聽會，一百多次協調會，從兩萬美金到最後花了三千萬美元，纔給美國的興

論稱作「北美第一大寺」、「西方的紫禁城」。

在美國，自從有了洛杉磯西來寺之後，舊金山、休士頓、奧斯汀、紐約、芝加哥，甚至於加拿大的溫哥華、多倫多，也都相繼有了建寺的因緣。

由於這一次訪問美加的因緣，也讓我深感英語弘法的重要。所以，回臺後，我便開始籌備「英語佛學中心」，培育國際弘法人才。

當然，在這一趟旅程中，也應信徒之請，一定要帶我們到當地著名的景區覽勝，因而得以親覩名聞遐邇的大峽谷、尼加拉瓜大瀑布的風采。當中，也有許多現代化科技，給了我日後弘法上的靈感。例如，讓人大開眼界的好萊塢影城，堅定了我「佛教電影化」的理想；迪斯尼樂園的聲光、動態，激發了我在建設「佛陀紀念館」時，以動態故事呈現「佛陀的一生」、「佛教節慶」的構想；拉斯維加斯的街景燈光，甚至啓發了我在春節佈置星光大道的構思等。

二〇一一年九月，我再度回到祖庭江蘇宜興大覺寺，同時獲邀前往鹽城參觀「丹頂鶴國家級自然保護區」，回想起三十多年前在美國欣賞的《丹頂鶴》影片，感動於丹頂鶴每年爲了看望主人，南飛數千里的忠誠和義氣，我欣然應允，也圓了三十多年來一直想要探望丹頂鶴的宿願。

總之，這些都應該可以説是我第二次旅行訪問的成果了。

歐洲

在我幾次旅行世界、出訪之後，到歐洲參訪也是受信徒催促、邀請而去的。那時候，大家紛紛向我表示，想要到歐洲見識一下巴黎的凱旋門、英國的西敏寺、德國的萊茵河。剛巧，當時由於歐洲各國的信徒來到臺灣，都是住在佛光山位於臺北的普門寺，其中，有些人和普門寺住持慈容法師接洽，希望邀請佛光山到巴黎做一次法會。我們也就趁此，組織了八十個人的團體，浩浩蕩蕩地到歐洲做法會去了。

踏上歐洲的土地，第一站，我們來到了荷蘭。在一個中國飯店裏吃飯時，認識了羅輔聞先生，也就是促成十年後佛光山荷華寺興建的主要因緣（另章敘述）。

其實，在我們來到歐洲建寺弘法之前，就有佛光山的弟子在英國、法國讀書，等待因緣建立道場。最初我們在歐洲，並沒有什麼華人朋友，爲了融入當地，接觸的也大都是歐美人士。但是和這許多當地人往來，若説做朋友，他們都很歡迎；一聽説我們要長住在那裏，態度也就有所保留了。

一九九〇年，受巴黎明禮法師之請，我終於前往法國弘法。當時，有一位黃玉珊老太太希望我能到巴黎建寺，並且還熱心地爲我們介紹了一座位於巴黎的古堡。這一座古堡不僅有護城河，裏面還有炮臺，有豪宅，有農場，買價只要一百萬美金，就可以做爲歐洲的禪修教育中心。因此，在當地信徒合力幫忙湊足了一百萬美元後，我們就非常歡喜地把它承購下來了。

但是，在臺灣住慣的人，到了法國，要承受大雪飄飄、天寒地凍的冬天，也實在不容易。尤其古堡地處郊外，往來市區都要幾個小時，加之於古堡難以發揮寺院的功能，所以後來還是經由信徒介紹，在我們足以承購的能力範圍內，以最便宜的價格，買下了一棟空間還算大的房子。雖然這間房屋已經破舊不堪，整修也不容易，不過，在巴黎總算有了一個遮風避雨的地方了。

這個地方，距離義大利廣場只要數分鐘的路程；從前街到後街，都是我們活動的範圍，要有一兩千位信徒在裏面活動，也不成問題。只不過，問題還是不能解決。由於法國政府不准許我們在此地重建房屋，所以，光有這一塊空地，等了多年，也是難有改善。最後，承蒙法國政府給了我們一塊靠近法國迪斯尼樂園的土地，在

花了十幾年的時間，與地方上諸多人士溝通協調後，終於開始興建法華禪寺。這也就是法國開創道場的過程。

除了最初的巴黎古堡，我們在倫敦也接受了一所基督教的修道院。這個地方靠近牛津街，與大英博物館距離不遠，到海德公園也很近。

自此之後，我們在瑞典、德國、奧地利、西班牙、葡萄牙等歐洲國家，也在信徒資助之下相繼建立了道場。過程中，總也要花上十多年的歲月，與當地政府、居民，不斷地協調纔成，並不是一天就能有成果的。甚至，在歐洲建寺院，也不是說八十個人一次頭去打拚，灑豆成兵就能完成，都是經由佛光弟子，大家齊心合力，一批一批、一個一個，前仆後繼地前往闖蕩，纔能完成這許多艱巨的任務。

在歐洲，因爲旅行的關係，就有了那麼多的道場。此中，也承蒙馬英九先生的讚嘆，我多次聽到他談說過去到荷蘭訪問時，見到我們兩位比丘尼努力的情況，甚至連佛光山在當地弘法的成果，他也都能侃侃而談。

另外，《八千里路雲和月》的製作人淩峰先生，到歐洲拍攝外景時，也曾要我們給予協助。當時，我介紹了瑞士的覺如法師幫助他。後來，他在訪問記裏也敘述道：中華文化弘揚到全世界的情況，我並不瞭解，但是我看到了佛光山五位比丘尼在歐洲播撒中華文化的種子，受到當地人的熱誠擁護。

確實，最初瑞士佛光山集會，連天主教的修女都來參加我們的共修；這也就不能不說佛教在海外傳播的重要了。

不過，若要說最早我到歐洲，那應該是一九八二年，我率領歐洲考察團訪問歐洲。當我在埃及首都開羅傳教時，還曾經一覽金字塔的風光，更越過紅海，目覩了天地一片紅的景況。乃至於威尼斯的夜景、巴黎的香榭麗舍大道、凡爾賽宮、梵蒂岡教宗駐錫處、希臘的神殿、義大利的競技場等，也都有我們參訪的足跡。在充滿文化歷史的名勝古跡之外，這塊佛法尚稱貧瘠的地區，還是希望未來有心者，發心來此開發、傳播了。

大陸

儘管走偏了亞洲各國，也到過了美加地區和歐洲大陸，但是與我分別四十年之久的祖國大陸，卻始終無緣再相見。

一九二七年，我出生在江蘇揚州一個貧苦的家庭裏。我的家裏，雖然經常無隔宿之糧，但我仍然覺得那是我可愛的故鄉，甜蜜的家庭，它讓我度過了一個非常值得懷念的童年。

一九四九年，我離開大陸，來到了臺灣。雖然臺灣和大陸只有一海之隔，但是政經大有不同。所以初時，還是讓我有離開故鄉家園的感覺。

中華文化是世界四大古文明的基地之一，但是，再好的黃金，裏面還是摻雜了其他的礦物；再好的良田，裏面還是會有一些雜草，我也就不認爲要一味地照單全收了。所以，經常在世界各地雲遊弘法時，總也想要吸取各地的優點，來改善自己的不足。只是，再怎麼說，大陸都是我的故鄉家園，對它，我還是帶著幾分的情感。所以，自從離開故鄉之後，我在世界各地雲遊弘化，只覺得自己像是一個遊子，在茫茫的人海裏飄來飄去。飄呀飄地，到了一九八九年，終於有機會飄回到故鄉的山河。

那時，我的心情激動，親情、法情似乎都不及心中對於故土的深情。感謝中國佛教協會的趙樸初會長，以及國務院的一些領導們，讓我有機會拜訪我受戒、讀書的南京棲霞山寺和焦山定慧寺，也讓我回到了宜興的祖庭觀看遺址，雖然只有剩下幾塊石皮、幾塊磚頭在那裏，但是對我而言，卻是有無限的價值。

此行中，我東至上海，西達敦煌，北到北京，南抵成都。除了返回故鄉揚州探親，也遠到敦煌洞窟參拜；在頤和園瀏覽了園林風情，在城郊明十三陵見識了無常的道理；我們前去西安，參觀了秦朝兵馬俑的遺址，也穿過了巴蜀，體驗了船行長江三峽的驚奇。湖北黃鶴樓，氣象萬千，杭州西子湖，婉約動人。但黃鶴已去，如

何能安慰得了千年遊子的悠悠離愁？西湖再美，又哪裏及得上岳武穆的忠魂烈魄呢？

當我們在西湖邊上的岳王廟前，高唱《滿江紅》；在中山陵孫中山先生的遺像前，高唱「國父紀念歌」時，嘹亮雄壯的歌聲，一時，還真讓人覺得熱血沸騰，倍感生命的活躍。大陸人士聽到我們的歌聲，也都驚訝地說：「你們是有備而來的嗎？」其實，哪裏是這樣，這在臺灣也是很流行的啊。

到了四川，大家只管看蘇東坡、杜甫的家園，而我則只想瞭望太虛大師成立漢藏教理院的縉雲山風光。過去，所謂世界「七大奇觀」，每一個奇觀我都有去過，就只有萬里長城始終沒能去。而這一次，我終於登上了萬里長城。放眼瞭望山河大地，不禁心有所感，假如人與人之間沒有這道「長城」，彼此開誠布公，溝通交流，人間不就更加美好了嗎？

之後幾年，我也有因緣參訪許許多多佛教的歷史名剎，舉凡黃檗禪師的祖師塔、鳩摩羅什的草堂寺、三藏玄奘大師的興教寺、六祖惠能大師的南華寺、鑒真東渡的大明寺，西安供奉佛指舍利的法門寺、盛極一時的長安譯經場所大雁塔，河南的白馬寺、少林寺，四川的寶光寺、文殊院，江西黃檗禪寺，乃至隋唐至今的國寶——山西佛光寺、遼代的皇家寺院遼寧奉國寺等等，在在都讓我驚嘆流連。

實在說，如果現在的大陸沒有四大名山、沒有這許多佛教的勝地，恐怕也要減少很多人前往旅行參訪的興致了。所以，真要感謝祖師大德們過去的努力奮鬥，纔得以豐富我們生命的內涵。

想到社會上，無論是政治、經濟、藝術、文化或是建設，各種歷史中，都有佛教的參與。因此，在看著佛教初傳的那許多輝煌歷史的同時，我也在心中發下一個願望，希望有朝一日，能再造佛教當年的光輝燦爛。

說到旅行，我覺得到了大陸，什麼地方可以不要去，但是假如要欣賞風景，四川的九寨溝、湖南張家界和廣西桂林山水的大自然風光，應該是最美的地方了。假如要看佛教建築的偉大，我想，除了敦煌的莫高窟、洛陽的龍門石窟、重慶的大足石刻以外，大同雲岡石窟是第一座由帝王主持開鑿的石窟，佛像刻工之美，實在值得參訪遊覽。尤其，北魏時期雲岡石窟大佛的修築，在很大程度上，受到阿富汗巴米揚石窟藝術的影響。因此，在巴米揚大佛被無情地摧毀之後，現在或許只有從雲岡大佛的身上，纔能尋得一些當年修造佛像的蛛絲馬跡了。

總而言之，故國山河，固然有它可嘆的感慨，但也有很多讓人依戀的地方。

近幾年來，也感謝大陸，把我師父祖庭的那一塊山地送還給我，讓大覺寺的風光可以再現於世間。這不僅完成了我多年來復興祖庭的願望，也希望爲未來留下歷史。

大覺寺位於紫砂茶壺的故鄉宜興，鄰近無錫太湖的邊上。大覺寺的建築全爲無障礙空間設計，大雄寶殿內沒有柱子遮擋視綫，有緬甸的玉佛、東方琉璃世界和西方浄土風光的彩繪玉雕，印尼的香木寶塔則分立大殿東西兩單。未來希望大覺寺的十八羅漢，和萬千的佛祖菩薩，都能與大陸十四億的人口融和、與故鄉的山河永遠同在；讓《佛陀行化圖》也能在大陸廣結善緣，讓歡喜禪悅佈滿全中國。

澳紐澳洲

從幅員遼闊的大陸，再說到簡單樸實的澳洲風情。

兩百年來，移民海外的華人第一代、第二代，生活都非常的辛苦。例如：十九世紀時，大批的華人移民美國，成爲廉價勞工，爲修建舊金山的鐵路，日夜不停地勞動，到最後，幾乎都是有去無回。

同樣地，最初華人移民澳洲時，在「白澳政策」之下，也有很多人因此殉難。可惜，當時的清朝積弱不振，在上位者，忙著要做皇帝，忙於應付皇親國戚，又有誰知道海外移民的痛苦呢？當然，世界的文明在進步，澳

洲近五十年來的開放政策，也帶來了繁榮。只是，過去的「白澳政策」，曾經一度有死灰復燃的現象，好在敵不過澳洲多數有識之士的想法，認爲「開放」纔是澳洲進步的動力，方得逃過一劫。

澳洲的土地很大，人口稀少，只有一千二百萬人。但是，澳洲人生性和平，尤其近年來，他們重視環保，推動社會和諧，成效卓著，可以説是世界的翹楚了。

來到臺灣的初期，我對澳洲並不瞭解，總認爲它不是華人可以安身立命的地方。所以，後來有一些信徒，如：依律的姊姊吴美智、弟弟吴光亮、吴光燦、妹壻陳春龍、邱錫寬等，舉家要移民澳洲時，我只有在心中暗暗地祝福他們。不過，他們倒是都很爭氣，在澳洲經營農業非常成功。

一九九〇年，「中國鋼鐵公司」在佛光山召開國際鋼鐵學術會議，澳洲卧龍崗國營的鋼鐵公司也前來與會。董事長看到佛光山的規模之大，非常歡喜，因而向本山提出，希望派人到澳洲建寺，發展佛教。

經由我們研究，澳洲一千多萬的人口當中，有十四萬人是佛教徒，並且也有比丘、比丘尼，既然有這麼一個善因緣，後來慈容法師就帶了永妙法師前往勘察。我還曾一度掛念她們的安全，但據她們回來報告澳洲的社會狀況，那裏人民和樂，社會安定，生態環保做得非常成功，信徒寸時嬌女士等人也都非常熱心，一心想要成就華人在當地建寺發展。

想到要讓「佛光普照五大洲」，既然有這種機會，就不應該退讓。在因緣際會之下，承蒙卧龍崗市長亞開爾先生贈予二十六畝建地，佛光山便開始籌建南天寺。爲了確保南天寺將來能有一個寧靜的環境，後面數百畝的小山丘，儘管不供人使用，但政府還是以象徵性的每年澳幣一塊錢，租借給我們九十九年。

籌建的期間，我開始籌款，並且派了心定法師到雪梨視察，或買或租，先有個據點。心定法師也不辱使命，知道在澳洲火車站邊，有一間製造新娘服裝的工廠歇業，如果承購下來裝修，也可以容納數百人集會，旁邊並且還有政府的停車場，擁有數百個停車位子。

那時候，以一間工廠的價碼來説，也不很貴，所以，最後就用了美金不超過一百萬元買下來了。後來，佛光山把這個地方定名爲「南天講堂」，開啓了澳洲弘法的機遇。不過，主要的，還是要等待在卧龍崗的開山建寺。

澳洲這個地方，没有兇猛性動物，到處都是美不勝收的公園。尤其公園裏，不但設有民衆燒烤的器具，還有盥洗的裝備，以及家庭聚會的設備。最爲愜意的，則莫過於森林裏的鳥雀會飛來與你共餐，向人討取麵包了。甚至於，我還看過鳥雀會議，好幾百隻鳥定時在一起召開會議，嘰嘰喳喳個不停，真是可愛極了。

在南天寺，我也有數千隻的海鷗朋友。每次只要站在湖邊，把手往上一舉，數秒鐘内，就會有很多的海鷗從四面八方羣集而來，而且越聚越多。當然，我也早已經預備了一些麵包，等著與它們結緣。

奇怪的是，南天寺在山上，距離海邊也還有數公里路程，但海鷗竟能從海邊展翅一飛，忽地就來到了南天寺。它們或在空中盤旋，或在陸地求食。每回我準備的幾百個麵包，都不夠應付它們的食量，所以，後來我就托人做了鹹味泡飯或米粉，海鷗也都一食而空。

這許多海鷗，我之所以稱它們爲朋友，是因爲每到下午，我還没有抵達餵食地點的時候，它們就已經先我而到，在那裏排隊等候。甚至當它們飽食了以後，還會在空中旋繞，好似要展現舞姿供我欣賞，以表示感謝。

還真是不能小看海鷗呢！一塊小小的麵包屑，即使你隨意地往空中一丢，它也是「噗」地飛來，就啣住了，速度之快、時間之準，是不會吃不到的。除非你對它做了手勢，已經有了動作，卻遲遲不把食物抛出，不與它配合，當然它就吃不到了。

在衆多的海鷗之中，也有的海鷗是殘障的。因爲澳洲人有時在公園裏野餐燒烤，那燒燙的鍋子，偶爾有不

知情的海鷗站上去，也就把它的脚給燙得殘障了。剩下一隻腿的海鷗，當然只能慢慢地在陸地上行走。

對於那許多殘障的海鷗，要它們與一羣海鷗争食，實在不易。所以，我都會特別準備一份食物，好讓它們也能盡情地享受一餐美食。世界之大，衆生之多，需要多少的發心，纔能結上一份善緣，怎能獨漏了缺脚海鷗呢？

偶爾我也會到海邊看看它們，那許多海鷗見到我來，都會從很遠的地方飛翔而來。但是要讓芸芸衆生皆大歡喜，還真是不容易，海邊實在太寬闊了，幾千、幾萬隻的海鷗成羣而來，我哪裏有那麽多食物供給它們呢？

不過，後來也有好心的麵包店知道我有需要，很慈悲地，就把當天賣不出去的麵包，通通都送來給我。反正他們一時間也找不到人去銷售這許多麵包，也就不願收我的錢。不過，我還是會額外地向他們購買一些牛角麵包，海鷗們似乎也都很歡喜帶油的牛角麵包，甚至有的海鷗吃得太多，食物都卡在頸項裏了。

每回我要離開澳洲時，都不忘交代南天寺的負責人滿謙法師，即使我不在這裏，也請他們好好照顧海鷗，因爲它們實在是南天寺的奇景。甚至，我也經常在電話裏詢問，海鷗在南天寺的生活情況。我已多年没有前往澳洲，對於那一羣海鷗，也經常還在懷念著它們美麗的丰姿。不過，後來聽説有一位來自馬來西亞，叫作「英姐」的老婦人，發心爲我照顧這許多海鷗，真是由衷地感謝她。

除了海鷗以外，我還和大嘴鳥結了緣。大嘴鳥的嘴巴很長，就是一斤肉，你丢了過去，它也是「唦啦」，馬上就吃下肚了。

從南天寺開車到大嘴鳥聚集的海邊，大約只要三分鐘就到。起初，它們都站在對岸的小碼頭上，遥遥地和我對看，就算我呼喊它們過來，它們也都不爲所動。不過，我當然是有備而來的。有時候從袋子裏纔拿出一樣東西，眼尖的它們看見了，如果是愛吃的東西，很快地，它就飛過來了，還一直想要挨近你。但是如果你拿的是一個它不愛吃的東西，它也就只在海洋上空盤桓飛翔，一副無所謂的樣子。

澳洲的鳥類實在很多，只要你手上拿著一點食物，它就會飛到你的頭頂上，或停靠在你的身上。曾有一次，算一算，竟在我身上停了十一隻鸚鵡，我動都不敢動，深怕驚嚇到它們。只是它們的爪子之鋭利，還真是有點讓人吃不消。還有一次我在吃飯，纔正拿起一個麵包要朝嘴裏送，一隻鳥飛了過來，「啪」地就把食物搶走了。看來在澳洲，不是人的天下，而是它們的天下了！

除了雪梨的南天寺，在布里斯班的中天寺每次在早晨的時候，總有幾隻袋鼠一蹦一跳地來到門前討取食物。此外，一副懶洋洋、好似永遠睡不飽的無尾熊，儘管每天休息的時間很長，但是在它們活動的時間，爬起樹來，動作之快，還真是和平時的慵懶模樣形成强烈對比。它們全都是國家級的保護動物，在世界其他地方可以説是難得一見，我們能在這裏和它們做朋友，自是令人感到欣喜了。

實在説，澳洲真是個天堂啊！要想觀看大嘴鳥、海鷗、袋鼠、無尾熊，只要花個一兩塊錢的門票錢，到動物園裏，或是遊樂區，就能欣賞到它們的表演。但是，這哪裏能天天看看一次就夠了，看多了，也就不得意思了。

甚至於黄金海岸的景色優美，堪比天堂。爲了佛光會員的假期休閒，佛光山也在那裏設立了一間禪淨中心。它就位在河流的旁邊，小屋的邊上並且還停靠了遊艇，何時想出海，只要引擎一發動，嗚、嗚、嗚地就可以把遊艇開出去了，隨你想開多遠就開多遠。

航行在海上，有時遇到泳士，對他們摇手招呼，也都會獲得善意的回應，自然而然地就感染了一股愉悦的氣息，也感受到了澳洲人的善良。不過，在那裏過一天或許很美好，若是天天享受悠閒的生活，恐怕最後也要覺得無聊而住不下去了。所以，忙，就是營養；人活著，還是要讓自己忙碌起來。

紐西蘭

有了澳洲的據點之後，佛光山在紐西蘭南島、北島也相繼興建了道場。

在南島，很早就有華人採金子的遺跡，雖然淘金的榮景不在，但至今仍有華人在從事淘金的工作。不過，我對於這許多事，都不太感興趣，爲什麼呢？總覺得世間無常，有什麼好計較、執著的？何況世間一切，也不一定都要是我的。人家給，我就接受；没有給，也不必强求。再説，自己也不缺少什麼啊！

除了南島基督城的道場，北島佛光山所在城市，是紐西蘭第一大城奥克蘭。它是一座天然的港口，素有「帆船之都」的美譽，許多國際帆船賽事都是在這裏舉行的。

大體而言，紐西蘭的自然景觀特殊，特別是環境保護措施做得很好，置身在幾近零汙染的環境中，宛如就在人間仙境裏。

俄羅斯

在世界上旅行，曾經有人説我平均一年要繞地球兩圈半。確實，在我當初還没有現在這麼老邁的時候，也曾應莫斯科及聖彼得堡協會之請，遠到俄國訪問。那年（一九九三年），正逢戈巴契夫下臺不久，我們還下榻在他住過的房子裏。旅館之大，彼此要互相聯絡真是都不容易。

俄羅斯的土地廣大，馬路最寬者有十六綫道，從這一頭望向那一頭，每個人似乎都變小了。在俄國，我參觀了莫斯科的地標紅場、歷朝沙皇的居所克里姆林宫，也到過聖彼得堡的冬宫，這個全世界最大的博物館，收藏品的内容不差大英帝國博物館和法國的羅浮宫，真讓人嘆爲觀止。據説，如果每件作品觀賞個一分鐘，每天花個十小時，也要經過十一年纔能全部看完。

所以，過去俄國能成爲世界兩大强權之一，也不完全是憑藉共産黨就能出頭的，在很大程度上，還是受到它深厚的歷史文化底蘊所影響。

在聖彼得堡，讓我印象深刻的，不只有它的建築規模。由於聖彼得堡靠近北極圈，所以每年到了六至八月夏季期間，儘管是夜裏十一點，天空依然一片光明燦爛，真可以用「日不落城」來形容這座城市了。

當然，我在俄羅斯訪問期間，最重要的事情之一，莫過於爲一羣聖彼得堡大學的教授，如陶奇夫（會長）、索羅寧（副會長，目前任教於佛光大學）、安德列葉夫、魯多義等人，共同發起的聖彼得堡佛光協會授證了。

雖然東正教在俄國勢力極爲强大，但也由於過去女皇凱瑟琳二世曾宣佈，佛教可以在俄國的土地上弘揚。所以，這許多學者教授，紛紛將佛教經論翻譯成俄文，也引起了當地學界的重視。在佛光會的訊息傳到俄國後，他們更是開始積極籌畫成立佛光協會，如今終於能夠實現願望。

南美洲

除了歐亞大陸的俄羅斯，我也曾踏上距離臺灣甚爲遥遠的南美洲。聽説南美洲亞馬遜河森林，有許多未開化的民族，對外來客有過傷害的紀録。尤其，還有人帶了食人魚回到日月潭放生。我有心想看看這種原始林地，究竟是怎麼樣的一種情況？感謝巴西如來寺的住持覺誠法師，和聖保羅州聯邦員警總監巴德納斯夫婦（Dr. Francisco Vicente Badenes），終於讓我有機會一探亞馬遜河。

最令人感到奇特的是，亞馬遜河上游的黑河與普利芒斯河交匯處，一邊是黄色的水，一邊是藍色的水，如同被刀削成兩半，奇妙無比，不禁也要令人讚嘆大自然的鬼斧神工。

我還到過南美洲最遠的智利，承蒙天主教聖多瑪斯大學頒給我榮譽博士學位。就因爲這個訪問的因緣，今

日的智利佛光山，也等待有緣人繼續到那裏共同努力，法傳於南美洲。

非洲

從神秘的南美洲，再說到早期有「黑暗大陸」之稱的非洲。

一九九一年初，佛光山依來、覺仲等到了南非布魯芳登、新堡、開普敦考察。那時候，正逢南非政局變化最大的時候，所有在南非的白人紛紛地撤退回國，把非洲讓還給原住民，由曼德拉總統治理。當時，曼德拉總統由於政治因素被囚禁了二十多年，釋放後，以民族鬥士之名，獲得了「諾貝爾和平獎」。一時之間，非洲到處都是原住民當權執政。

不過，我也經常聽到他們的報告說，非洲並不是我們想像中的那麼可怕，非洲大陸雖然有的國家很貧窮，但是有的地方還是非常進步的。例如：南非的高速公路又直又長，方向盤不必轉動，就可以一開幾百公里。尤其，路的兩旁都是曠野平原，遼闊茫無邊際。在二十年前，可以說，除了美國、德國之外，南非高速公路的發達程度是世界排名第三的。

甚至他們還告訴我，非洲的房地產好便宜。那時候，南非的社會，一棟占地兩公頃的花園洋房，只要十萬美金就可以買到。因此，臺灣、大陸不少華人，都紛紛前往非洲投資，找尋他們未來美麗的家園。特別是，南非的大自然風光很美麗，野生動物園更讓外國遊客非常地好奇，大家都希望到那裏一探非洲真正的主人——野生動物。

直到有一天，聽說佛光山來了一位客人，是南華寺所在城鎮布朗賀斯特市（Bronkhorstspruit）議長漢尼・幸尼柯爾博士（Dr.Hennie Senekal）來訪。此行，他的目的是要向我說明，南非有一個地區要開發，每一個住宅區有三百坪，只需臺幣一萬五千元就可以買到。

一萬五千元，在臺灣，要買到一坪地都不容易，到南非，卻能買一塊建地，當然是很具說服力了。旁邊參與聽講的出家、在家弟子，聽了市議長的介紹以後，都紛紛動了念頭，大家也就你一言、我一語地說：我買三塊，他買五塊。一下子，就有了五六百個人要購地。也因爲這樣子，就定下了南非建寺的因緣。

原先，在佛光山詢問有誰願意到非洲時，男衆部的慧禮說他願意。明知慧禮不按牌理出牌，不過我心裏想，南非是一個初開發的地方，需要有人發心，慧禮既有埋骨非洲的雄心壯志，讓他去試試也好。因此，他就繼依來法師之後到了非洲。哪知道，兩三年後，土地是買了幾千公頃，可是與他人簽約建寺，竟得要花上幾千、幾億元，並且規定於三年之内全部完工，如果不建，就要賠償。

這可是很嚇人的事情，不得已，只有在二〇〇一年，於南非召開國際佛光會理事會時，動員全世界的徒衆救苦救難，同心協力幫助南非建設。好在佛光山於全世界有這許多別分院，大家動員起來，力量還是很相當的。

我們初到南非弘法時，雖然辦了非洲佛學院，也有幾十個黑人發心出家；在當地婦女勞工一個月薪水只有臺幣三五百元的情況下，也可以找到很多的婦女管家。卻由於非洲人過慣了與大自然共生的生活，沒有「你的」、「我的」的概念，認爲世界都是他們的。所以，那許多在寺裏服務的人員，就連華人的祖宗牌位，也都拿回家裏祭拜，希望求得發財。

甚至不只在寺院，在華人家庭裏工作的當地婦女勞工，也總是隨手就把東西帶走。在他們想，你的就是我的，並沒有偷竊的意思。或許是因爲空中的飛鳥，他們隨時可以打獵；水中的游魚，他們隨時可以垂釣；山上的果實，他們隨手可以攀折，沒有什麼你的、我的。所以，在初去南非的那一段時間，我們與當地的文化，也

就有一番的磨合了。

後來，國際佛光會在非洲很多的國家、城市陸續成立，有一些早期移民的華人，例如：「衆議員」黄士豪、「參議員」陳阡蕙等，也都成了佛光會的會員，對佛教在當地的發展，多所協助。

只是，由於慧禮好大喜功，不計後果地想要在非洲建立佛教的王國，佛光山大衆嫌其超越理性的開發，加上他出了車禍，骨頭折斷，只有換在美國出家，中英文俱佳的滿亞法師前去接任。繼她之後，又有依淳前往，現在由慧昉在那裏主持寺務。大致上，南華寺已經在穩定中發展了。

現在的南華寺，土地面積有四千公頃，汽車繞一圈，至少也要十五到二十分鐘。但是，儘管擁有這麼一大片土地，建築也用不到那麼多地方，只有拿來種玉蜀黍，還有個收成。實在説，當初是不應該那麼快地發展的。

不曉得是在哪一本書上看到的，一個宗教傳播到一個地方，要想在那裏落地生根，至少也要經過三百年的時間。好比秦始皇的時代，佛教就傳到了中國，但是一直到了東漢明帝，佛教纔成爲一個公家承認的宗教，前前後後加起來，也經過了兩百年的時間。

我到非洲去弘法，由於時間匆促，大多只是定點停留，但也有因緣看看非洲的美景。

在我的見聞之中，開普敦可能是地球上最美的地方了。開普敦是南非的立法首都，也是南非的第二大港，以美麗的自然景觀聞名，依山面海的景致，實在美不勝收。唯一的不完美，大概就是開普敦整年颳風。只不過，風一吹，市容也會變得出奇的乾净清潔，可謂是有一得，就有一失；有一失，也必有一得啊！

來到開普敦，不能不看聞名世界的好望角。好望角是一四八八年，由葡萄牙航海家迪亞斯所發現的。由於這裏經年不斷的滔天巨浪，因此初名「風暴角」。後來，葡萄牙國王若昂二世爲了鼓舞航海士氣，以求更快打通前往東方的航道，便將它改名爲「好望角」。過不了幾年，航道也果然就打通了。看起來，世間一切成敗得失，與我們的「一念之間」，是有密切關係的。

南非是世界上唯一擁有三個首都的國家，除了立法首都開普敦、司法首都布魯芳登，行政首都就是普利托利亞了。南華寺距離普利托利亞約莫五十公里，車行在這個城市的路上，聽聞此地是世界最大的「紫楹花都」，每年到了春天，主要街道兩旁，到處都盛開著紫楹花，成了這座城市的標誌，不禁也要沈醉在一片紫色花海的想像裏。

在南非，我也遊過兩個野生動物園。一是南非最大、占地近兩萬平方公里的野生動物園——古魯格國家公園，一是占地約八千公頃的馬布拉野生動物園。

據馬布拉野生物園的解説員告訴我們，園區裏，至少有五十種以上的野生動物和兩百五十種以上的鳥類棲息。只是，車行了兩個多小時，我們也纔繞了園區的一小部分，而且只看到了溫馴的素食動物。

初時，大家懷抱著「捨身飼虎」的雄心壯志前往園區，儘管最後没有看到獅虎猛獸，不過倒是聽説獅子最怕的是牙籤樹，只要一根牙籤樹枝刺進它的皮膚裏，漸漸地，皮膚就會腐爛、發炎，最後也就死亡了。所以，這個世間，真是一物剋一物，即使是獅子這麼兇猛的動物，也還要害怕小小的牙籤樹。

説到動物，我也有短暫的因緣駐足在好望角海邊，觀看企鵝的行動。白天，成羣結隊的企鵝下海吃魚，到了晚上上岸，當中必然會有幾隻成爲鯊魚的食物。只見它的伴侶在岸邊喊叫，不斷地徘徊，看了真覺得可憐，不由地讓人感嘆世間的悲歡離合，不只存在於人類的生活裏，所有的生命也都是如此。

在南非，有一句話叫人聽了很傷感：「動物界是靠殘殺纔能生存的。」獅子不吃羚羊、不吃斑馬，怎麼生存？又有一個論調：「在非洲生産羚羊的地區，一年至少要生産二十萬頭以上的羚羊，如果不吃它，這個地方豈不是容納不下了嗎？」

以臺灣來說，屏東地區，每到了伯勞鳥過境的季節，許多人都設計了陷阱要來捕捉伯勞。在一般人看來，這是很殘忍的事情，候鳥經過，它只是過客，怎能對它如此殘暴，還用不正當、欺騙的手段捕捉它，要它的命呢？在輿論一片譁然之下，政府只有下令不准捕捉伯勞。

但是，反觀高雄的漁民，到了烏魚盛產的季節，撒網捕捉，當局卻是以「爲國生産」的理由，頒贈獎狀。當然，也就有人要提出抗議：「靠山吃山，靠海吃海，他們靠海能吃海，我們靠山爲什麼不能吃山呢？」

這種既不公平，又讓人覺得矛盾的情況，就如同我過去在報紙上看到的一則新聞。在美國，有一隻鳥被一個小孩子的小箭射中了，它帶著這支箭，在美國的上空到處飛翔，引起了全美國電視臺、報紙的報導，民衆們紛紛發動要搶救這隻鳥。可是，反觀感恩節一到，火鷄大肆地被人捕殺，這又是怎麼個說法呢？

世間上縱有這許多令人費解的事情，但是在我的理論裏，世間是一半一半的，好的一半還是可以去影響壞的一半。當然，影響力能有多大，也不必抱持太大希望，只要有人願意接受好的一半，壞的一半自然就會減少了。

話再說回來，這一趟行程，讓我對非洲土地有了實地的瞭解。實在說，非洲這個地方，氣候好，土地又大，可惜就是原住民的生活，多半是樹上的水果採下來就嘗，河中的魚抓上來就食，動物野獸抓來了就吃，談不上要聚積、要勤勞。即使有耕種，在他們來說也只是一個副業。

但是，從另一個角度來看，非洲人民樂天知足，一切夠用就好，此等天真善良的性情，真是比南非出産的黄金、鑽石，還要寶貴。所以，對於南非，我覺得還是要有另一番客觀的看法。

今年我已八十六歲，回憶起數十年來，當我在世界各地考察、講演、開光，或主持皈依、巡視道場、爲佛光會授證時，經常都會受到當地信衆、人士的熱心安排，而有增廣見聞的機會。但受限於篇幅，文中未能提及的，例如：我也到過金三角、熱水塘弘法救濟；到過柬埔寨的吴哥窟，看到了古代和現代無常興亡的見證；到過印尼的婆羅浮圖，對於印尼伊斯蘭教徒能讓古跡保存的心胸，覺得比較起阿富汗塔利班毀壞巴米揚大佛的舉動，真是要開闊得多了。另外，我也去韓國參訪了有「三寶寺」之稱的海印寺、通度寺、松廣寺；到緬甸那加來古寺主持過輪椅捐贈儀式，甚至在緬甸的世界最大卧佛，我也都有機會去參禮。

話再說回來，在我口述平生的旅行經驗時，也有這麼一段小插曲。有弟子問我，我怎麼說著說著，就偏離主題，談到建寺弘法去了。當時，我還一度爲他們的「問難」，挫折了講說的興致，只有努力地把重心移回到主題「旅行」上。不過，事後想想，我這一生做任何事，不都是爲了弘揚佛法嗎？

事實上，對於遊覽，我的興趣並不高，總覺得法界就在心中，最重要的還是將佛陀的法音弘揚至各地。尤其，歷經了七八次的訪問之後，我憑藉著各地旅行的見聞，在世界五大洲建設了佛光山的别分院，在意義上，應該已經超越旅行的價值了。